AF386217

Du weisst nicht was passiert!

Bibliografische Information der Deutschen Nationalbibliothek:
Die Deutsche Nationalbibliothek verzeichnet diese Publikation in der
Deutschen Nationalbibliografie; detaillierte bibliografische Daten sind
im Internet über https://portal.dnb.de/abrufbar

2024 © Hans Berhammer
Illustrationen, Umschlaggestaltung und Design: Mariia Bykova
Satz: Kateryna Bykova
Herstellung und Verlag: BoD — Books on Demand, Norderstedt

ISBN: 9783759737083

Spontan

Ich gerne spontan handle,
so durch mein Leben wandle.
Genieße es zu überraschen,
vom nicht erwarteten zu naschen.
Es oft genug auch daneben geht,
meine Spontanität man nicht versteht.
Kopf schütteln, so manche Reaktion,
auch Anerkennung, manchmal der Lohn.
Desweilen auch sehr unüberlegt,
weil spontanes mich so bewegt.
Spontaneität ist mitunter auch riskant,
geschieht mit meist wenig Verstand.
Nicht mehr spontan zu sein,
fiel mir im Leben nicht ein.
Falle ich auch auf die Nase mitunter,
zieht mich das keinesfalls runter.
Werde mich auch weiter nicht verbiegen,
Spontaneität wird bei mir immer siegen.

Wandelhaft

In dem Wandel der Zeit,
vermischt mit Freud und Leid.
Es ist kein neues Phänomen,
war es schon immer so, ehedem.
Doch auch damit umzugehen,
das ganze dazu noch verstehen.
Es geht oft alles rasend schnell,
was heute dunkel, ist morgen hell.
Oft geht der Wandel an einem vorbei,
gerade noch Frieden, dann Rangelei.
Denkt man, endlich die Kuh ist vom Eis,
fängt es vom neuen an mit diesem Scheiß.
Diesen Wandel zu ertragen,
hinzunehmen ohne zu Klagen.
Ist nicht immer gerade leicht,
weil man meist nichts erreicht.
Man es natürlich begrüßt,
wenn es zu seinem Vorteil ist.
Ich komme aber so recht nicht mehr mit,
dieser Wechsel bringt mich oft aus dem Tritt.
Nehme es gezwungenermaßen tatenlos hin,
stecke fest im Getriebe und bleibe auch drin.
Habe einfach nicht mehr den Antrieb und die Kraft,
mir ist alles was so um mich passiert, zu wandelhaft.

Turbulent

Turbulent war heute dieser Tag,
so wie ich es eigentlich nicht vertrag.
Los ging es schon am frühen Morgen,
belastet mit allen möglichen Sorgen.
Auf dem Konto fehlt mir seltsamerweise Geld,
wie konnte das nur passieren in aller Welt?
Andauernd klingelt das Telefon,
sorry verwählt, das vierte Mal schon.
Dann macht mein Laptop plötzlich schlapp,
Festplatte geschreddert, ab damit ins Grab.
Mit dem Computerfachmann diskutiert,
damit er mir schnell eine neue installiert.
Dummerweise hatte ich nicht gesichert alle Daten,
was dies bedeutet ist nicht schwer zu erraten.
Weil das alles ja noch nicht ist genug,
war schon der nächste Hammer im Anflug.
Die Schule ruft an, krank ist ihr Kind,
ihm ist sehr übel, kommen sie geschwind.
Hole ab das Kind, es ist weiß wie die Wand,
in der Zwischenzeit ist das Essen mir angebrannt,
Wärmflasche gemacht, Eimer ans Bett gestellt,
hoffentlich ihm nichts Schlimmeres fehlt.
Inzwischen hat der Kater auf dem Teppich gekotzt,
unser Nachbar, lauthals mit seiner Tochter motzt.
Es gab noch einige Katastrophen, ganz kleine,
dieser Tag war nun wirklich nicht der meine.
Noch vor den Nachrichten, falle ich geschafft ins Bett,
Morgen, etwas weniger turbulent, fände ich echt nett.

Zebrastreifen

Wofür brauchen für Zebrastreifen,
wenn so viele darauf pfeifen.
Sie geben Gas und gehen dann in die Eisen,
nur um sich und anderen was zu beweisen.
Andere treten nicht einmal auf die Bremse,
da muss man zur Seite springen wie eine Gämse.
Man kann auch deutliche Handzeichen geben,
aber auch dabei kann man kurioses erleben.
Sie fahren weiter und winken freundlich zurück,
ist man stehen geblieben, hatte man Glück.
Aber auch Fußgänger haben so ihre Macken,
da kann einen schon mal der Zorn packen.
Beteiligen sich, mischen mit in diesen Kampf,
rote Ampeln sind für viele nur ein blöder Krampf.
Sie laufen einfach über die Straße ganz keck,
dass da ein Auto kommt, kümmert sie einen Dreck.
Oder sie schlendern ganz langsam über den Streifen,
provozierend, das ist nicht mehr zu begreifen.
Manche bleiben mitten auf der Straße stehen,
um ihre Nachrichten auf dem Smartphone zu sehen.
Der Krieg zwischen Auto und Rad ist legendär,
jeder pocht auf sein Recht, mitunter sehr konträr.
Beide werfen sich vor rücksichtslos zu sein,
doch was dies betrifft, verhalten sich beide gemein.
Radfahrer fahren auf Bürgersteigen, gegen die Richtung,
rote Ampeln nicht existent und das ist keine Dichtung.
Oft fahren sie auf allen Wegen wie irre Rennen,
da darf man als Fußgänger nicht gerade pennen.
Man wird weg geklingelt und heftig beschimpft,
ohne Skrupel, sie sind immun gegen alles geimpft.

Autofahrer gnadenlos Gehwege und Radwege zu parken,
sie können sich alles erlauben, gehören ja zu den Starken.
So gesehen ist das unser aller großes Problem,
stehen uns im Weg, sind uns gegenseitig nicht bequem.
Das zeigt deutlich unser Verhalten, ist unser Bild,
dabei wäre es mit Rücksicht nehmen gar nicht so wild.
Einfach etwas mehr auf den anderen schauen,
statt ständig neue Feinbilder aufzubauen.
Es sind nur wenige die so krass im Verkehr agieren,
doch die rücksichtnehmenden dadurch diskreditieren.
Ob zu Fuß, zu Rad oder mit dem Automobil,
gesund nach Hause kommen ist doch all unser Ziel.

Es liegt was in der Luft

Es liegt was in der Luft,
ich kann nicht sagen was,
habe es noch nicht eingestuft,
irgendwie ist es echt krass.

Greifen kann ich es nicht,
hier ist was megaoberfaul,
ob da etwa was ausbricht,
halte einfach mal mein Maul.

Es knistert hoch brisant,
die Luft elektrisch geladen,
irgendwie sehr riskant,
hoffentlich gibt's keinen Schaden.

Da geht ordentlich was schief,
die Fronten, jetzt verhärten sich,
man allgemein zu einer Demo rief,
jetzt wird's, so glaube ich, ärgerlich.

Friedlich sollte es ablaufen,
doch plötzlich fliegen Steine,
nur noch ein pöbelnder Haufen,
ich nehme in die Hand meine Beine.

Wollte kundtun meine Meinung,
einfach nur Präsenz zeigen,
doch dann der Meute Wandlung,
sich so in Brutalität zu versteigen.

Geisel

Was kann ich machen, dass es mir besser geht?
Diese Frage bei mir immer im Raume steht.
Eigentlich geht es mir ja richtig gut,
es gibt bei mir auch keine Sorgenflut.
Auch in den üblichen Beziehungslagen,
gibt es eigentlich nichts zu beklagen.
Von den alltäglichen Wehwehchen mal abgesehen,
besteht aus gesundheitlichen Gründen auch kein Problem.
Finanziell könnte es zwar schon etwas besser sein,
jammern auf hohem Niveau, fällt mir dazu nur ein.
Und doch treibt meine Unzufriedenheit mich um,
kann es nicht ändern, weiß aber doch, es ist dumm.
Es ist mir auch nicht möglich zu sagen, was mir fehlt,
diese Tatsache permanent sich mir entgegenstellt.
Versuche alles um mich noch mehr zu optimieren,
bin dabei viele zu nerven und zu brüskieren.
Mir fehlt offensichtlich die notwendige Gelassenheit,
werde ich irgendwann von diesem Zwang mal befreit?
Bisher waren all meine Anstrengungen vergebens,
muss es wohl betrachten, als Geisel meines Lebens!

Nachtmusik

Mir gefällt Mozarts kleine Nachtmusik,
zwar schon sehr alt aber immer noch schick.
Man kann ihr aber auch nicht entweichen,
will man Behörden oder Firmen erreichen.
Minuten oder noch länger sie einen beschallt,
Klassik wird reingeprügelt mit aller Gewalt.
Das Spektrum bei Warteschleifengedudel ist breit,
macht nicht unbedingt angenehmer die Wartezeit.
Schlimmer noch, bitte warten oder „Hold The Line",
das ist alles andere nur nicht besonders fein.
Ob Warteschleifensymphonien in Endlosschleifen,
oder nerviges Gebabbel, darauf kann ich gerne pfeifen.
Doch das schlimmste was einem passieren kann,
meine Geduld hält nun nicht mehr länger an.
Denn eine überaus freundliche Stimme erklingt,
meine Stimmung nun endgültig in den Keller sinkt.
Rufen sie später nochmal an, alle Leitungen sind besetzt,
nach über einer halben Stunde, ich bin mehr als entsetzt.
Ich fühle mich verarscht und total verkohlt,
wünsche, dass die Warteschleife der Teufel holt.

Leseratte

Ich lese viel und auch sehr gerne,
aus manchen Büchern ich auch was lerne.
Mein Interesse überaus vielseitig ist,
manchmal lese ich auch richtigen Mist.
Denke, dass das Buch noch besser wird,
um festzustellen, ich habe mich geirrt.
Lese gerne Tucholsky und Ringelnatz,
selten ist noch für Goethe und Schiller Platz.
Krimis haben es mir besonders angetan,
Liebesromane lasse ich selten an mich ran.
Comics wie Asterix und Obelix,
lese ich auf dem Klosett ganz fix.
Oft schlafe ich ein mit dem Buch in der Hand,
nehme den Inhalt mit in mein Traumland.
Nicht zu vergessen, Bücher im Dialekt,
werden natürlich so gar nicht versteckt.
Besonders ist da Ehbauer mein Favorit,
und auch Ludwig Thoma geht da noch mit.
Ich habe aber eine besondere Angewohnheit,
oft zu meinen ganz persönlichen Leid.
Mehrere Bücher gleichzeitig zu lesen,
ist von mir schon immer eine Macke gewesen.
Das eine oder andere lese ich nicht zu Ende,
ich damit keine Zeit mehr verschwende.
So ist das Chaos oftmals schon sehr groß,
egal was ich auch mache, werde ich es nicht los.
Vielleicht macht es auch überhaupt keinen Sinn,
egal was andere auch denken, ich bin halt wie ich bin.

Grantler

Ich bin ein Grantler, wie einige sagen,
das stimmt ja auch, an manchen Tagen.
Sage ich dann meine Meinung sehr direkt,
schon bin ich bei irgendjemanden angeeckt.
Sie meinen der Ton macht die Musik,
kann nicht nachvollziehen diese Kritik.
Granteln gehört zu mir, das ist meine Art,
ehrlich, manchmal sehr deftig, selten zart.
Wenn mir etwas gegen den Strich geht,
mir nicht der Sinn nach Zurückhaltung steht.
Fängt es an in mir heftig zum Brodeln,
da kann ich doch nicht singen oder jodeln.
Ich lasse dann mal richtige Dampf ab,
halte meine Umwelt damit auf Trab.
Sind einige durch mein Granteln betroffen,
so kann ich nur wünschen und hoffen.
Es bitte nicht allzu persönlich zu nehmen,
sich mit meinem Granteln etwas zu versöhnen.
Das granteln ist für mich auch sowas wie eine Passion,
was anderes von mir zu erwarten, wäre reine Illusion.

Individuell

Jeder von uns ist einzigartig, individuell,
einer kapiert langsam, der andere schnell.
Der eine ist eine große Kanone im Sport,
bei dem anderen heißt es, Sport ist Mord.
Dann gibt es welche, die sind in Mathe Klasse,
während ich zum Beispiel selbiges hasse.
Andere haben voll das musische Talent,
der nächste sich super gut in Biologie auskennt.
So sind wir alle gesegnet mit Stärken,
obwohl wir es nicht immer gleich merken.
Oft so etwas lange im Verborgenen bleibt,
und vielleicht niemals wirklich Blüten treibt.
Niemand muss sein Licht unter dem Scheffel stellen,
warum sollen wir alle in der gleichen Liga bellen.
Jeder von uns hat definitiv seine eigenen Qualitäten,
wäre schlimm, wenn wir alle dasselbe Bestreben hätten.
Wenn wir etwas begehren was andere können,
wir sicher in die falsche Richtung rennen.
Unsere ganz eigene Individualität zu leben,
auf diesen Weg sollte sich jeder begeben.
Es ist völlig normal verschieden zu sein,
es zählt nicht reich oder arm, groß oder klein.

Streng nachgedacht

Darüber mal so nachgedacht,
was das Leben mit uns so macht.
Können wir es überhaupt steuern,
obwohl wir es wünschen und beteuern?
Was haben wir denn tatsächlich in der Hand,
durch unsere Lebensuhr rinnt pausenlos der Sand?
Von Geburt an werden wir fremd bestimmt,
es dauert bis man selbst etwas man in die Hand nimmt.
Man geht in die Schule, mehr oder weniger fleißig,
bis man was erreicht hat, ist man fast dreißig.
Oft fragt man sich, ist das wirklich mein Weg,
lohnt es sich für mich, dass ich mich so zerleg?
Was ist denn nun wirklich mein Ziel,
welche Rolle spiele ich in dem Spiel.
Natürlich gibt es auch Sachen die wir selbst entscheiden,
auch nicht angenehme, dass lässt sich kaum vermeiden.
Doch was kommt wirklich aus vollem Herzen,
zu schnell kann man es sich verscherzen.
Zu vielen Entscheidungen werden wir gezwungen,
das passiert über unseren Kopf, so notgedrungen.
Das Recht auf Selbstbestimmung für alle gilt,
doch oft genug wird es aus vielerlei Gründen getilgt.
Wir denken meist, dass wir frei entscheiden können,
und doch unterliegen wir ganz vielen Zwängen.
Man fühlt sich des manchen verwaltet und fremd gesteuert,
da hilft es nicht, wenn uns das Gegenteil wird beteuert.
Sich unterkriegen lassen „Nein" auf keinen Fall,
ich bin ich, genug der Worte Schwall!

Blender

Oft aus einem so tollen Hecht,
unversehens ein mickriger Hering wird,
es ist aufgesetzt, davon ist nichts echt,
er andere bewusst in die Irre führt.
Stellt sich von der besten Seite dar,
was auch dem Normalen entspricht,
doch ist es nicht gerade wunderbar,
zeigt man ein völlig falsches Gesicht.
Vielleich besser, wenn man nicht blendet,
auch wenn man es dann vergeigt,
egal wie es dann auch für einen endet,
man hat wahre Größe gezeigt.
Lügen haben kurze Beine,
dieser Spruch ist allseits wohl bekannt,
aus eigener Erfahrung ich meine,
nur die Wahrheit hat langfristig Bestand.

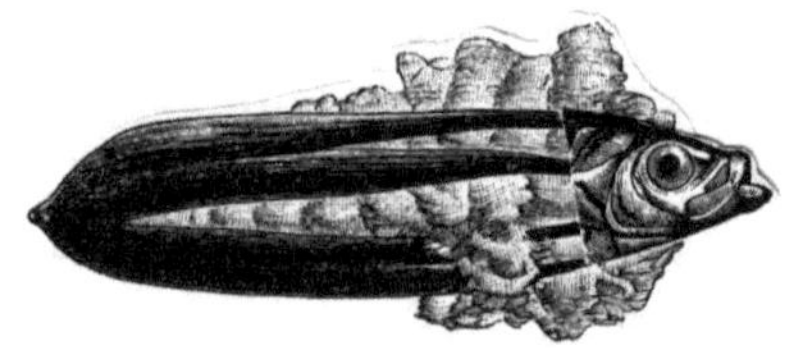

Gemein!

Was fällt ihm nur ein,
ich finde das echt gemein,
Habe ihm was Vertrauliches erzählt,
dass er es für sich behält, weit gefehlt.
Brühwarm tratscht er es weiter,
macht sich lustig, findet es heiter.
Ich vertraue niemanden mehr etwas an,
wenn auch hart, so bin ich besser dran.
Habe so schon mehrfach gesprochen,
meinen Vorsatz doch immer gebrochen.
Wie oft muss ich denn noch auf die Nase fallen,
immer aufs Neue erleiden Höllenqualen.
Unbelehrbar und immer den gleichen Fehler machen,
eigentlich kann man bei so viel Dummheit nur lachen.
Es fällt schwer, da noch nach vorne zu schauen,
immer wieder neues Vertrauen aufzubauen.
Die Angst der Enttäuschung lauert stets im Hintergrund,
aber alles runter zu schlucken, ist auch nicht gesund!
Doch werde ich immer den gleichen Fehler machen,
egal wie oft auch die anderen über mich dann lachen!

Ratschläge

Mit Ratschlägen ist das so eine Sache,
ich mir da ernsthaft Gedanken darüber mache.
So ein Ratschlag kann durchaus sehr hilfreich sein,
kann einen von einer schweren Last befreien.
Es kann aber auch voll in die Hose gehen,
und genau das Gegenteil geschehen.
Einige sagen, Ratschläge sind auch Schläge,
es ist schon wichtig, dass man dies erwäge.
Behutsamkeit wäre da schon wichtig,
das Ganze ist natürlich auch sehr vielschichtig.
Ungefragt mit Ratschlägen um sich werfen,
könnte manches Unheil nur noch verschärfen.
Mein Ratschlag wäre, bevor man zu schlägt mit Rat,
sollte man nachdenken, ehe man schreitet zur Tat.

Anstand

Hunds Bub missratener, vielleicht stehst du mal auf,
bist so dämlich, kommst wohl von selbst nicht drauf.
Fläzt dich rotzfrech in den Sitz hinein, grinst auch noch frech,
nur mit deinem Verhalten, Freundchen, hast du bei mir Pech.
Wenn du nicht weißt, wie man sich benimmt,
bringe ich es dir bei, bis es zu Hundertprozent stimmt.
Du bist ein arger Sauhund, wenn du sitzen bleibst,
dir ist hoffentlich klar, dass du mächtig übertreibst.
Es gibt hier welche, die nicht gut auf den Beinen sind,
darum stehst du jetzt auf und das sofort geschwind.
Zu meiner Zeit das eine gängige Ansprache war,
da gabs kein diskutieren, das war einem klar.
So was Freches hat man sich nur einmal getraut,
ansonsten hat man ziemlich dumm aus der Wäsche geschaut.
So haben wir damals Rücksicht und Anstand gelernt,
viele der älteren Generationen heute davon noch schwärmt.
Leider ist in der heutigen Zeit dummerweise festzustellen,
es wird schlimmer, mit den anstandslosen Gesellen.
Es hilft auch nicht, wenn man schimpft oder droht,
sie interessieren sich einfach nicht für anderer Leute Not.
Ich habe das Gefühl, dass Anstand, Respekt verloren gehen,
dafür Rücksichtslosigkeit, Verrohung im Vordergrund stehen.
Wenn wir alle aufhören auf den anderen zu schauen,
worauf können wir in Zukunft den noch vertrauen?
Es ist Horror, wenn jeder sich selbst nur noch der nächste ist,
wenn man in der Gesellschaft Anstand und Respekt vergisst.
Ich will da nicht zuschauen und das wahrhaft nicht erleben,
und werde als Vorbild bis zuletzt mein Bestes geben.

Überraschung

Endlich habe ich mal ein paar Tage für mich,
der Stress ging mir gewaltig gegen den Strich,
Genieße die Ruhe und Abgeschiedenheit,
diese Hetzerei ging mir diesmal viel zu weit.
Zurücklehnen und die Beine hochlegen,
werde mich so wenig wie möglich bewegen.
Das habe ich mir fest vorgenommen,
doch es ist ganz anders gekommen.
Ich hänge entspannt meinen Gedanken nach,
träume vor mich hin, nicht mehr ganz wach.
Da klopft jemand sehr laut an meine Tür,
kann das sein, wer will denn jetzt was von mir?
Ich bin auf Besuch nicht eingestellt,
habe mir auch nichts zu essen bestellt.
Sehr vorsichtig ich durch meinen Spion schaute,
war sehr erstaunt, ich meinen Augen kaum traute.
Vor der Tür stand ein Teil meiner Vergangenheit,
ein sehr alter Freund, aus frühester Zeit.
Wir hatten zwar immer mal miteinander telefoniert,
mal gechattet, ansonsten ist da nicht viel passiert.
Auf Grund der Entfernung war das nicht geplant,
dass er jetzt dasteht, hätte ich im Leben nie geahnt.
Obwohl es mir nicht passt, freue ich mich,
doch er versetzt mir gleich einen Stich.
In seinem Auto seine Frau und zwei Kinder sitzen,
sie wollen übernachten, das bringt mich ins Schwitzen.
Nur ein paar Tage wollen sie bleiben,
die Zeit in der alten Heimat vertreiben.
So sehr ich mich gefreut habe, sie zu sehen,
bin ich froh, wenn sie wieder gehen.

Nach drei Tagen sind sie wieder weitergefahren,
zeitweise war es sehr schwer, Ruhe zu bewahren.
So waren die Freude und die Last bei mir zu Hause,
jetzt brauche ich nur noch eines, ganz viel Pause.
So eine Überraschung ist zwar recht schön,
doch wünsche ich mir, zu oft sollte es nicht geschehen!

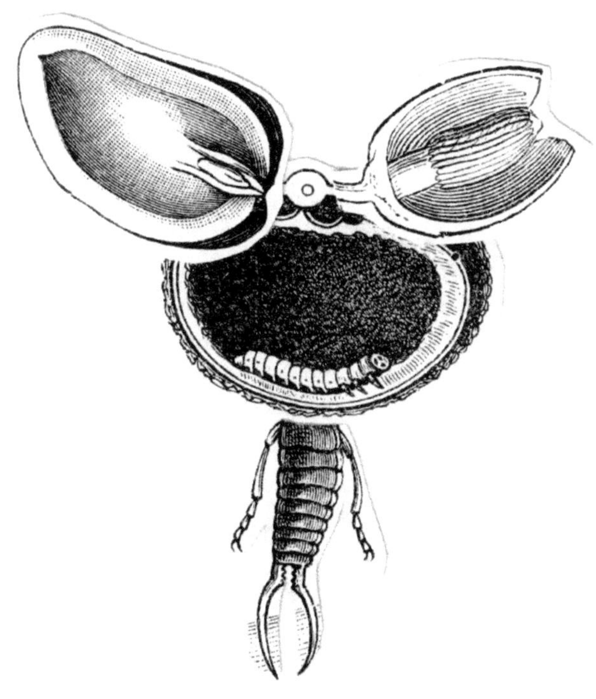

Klamm

Der Monat fängt noch gar nicht richtig an,
und ich bin wieder schon so gut wie klamm.
Ich kann so sehr sparen wie ich will,
irgendwie verfehle ich ständig das Ziel.
Es kommt immer etwas dazwischen,
schaffe es nie mein Konto aufzufrischen.
Habe ich tatsächlich mal was auf der Kante,
und damit auch was anzusparen plante.
Kommt meist schon der nächste Klops daher,
da nicht durchzudrehen fällt recht schwer.
Unerwartet schreit das Finanzamt laut hier,
du vielleicht gerade pleite bist, nicht deren Bier.
Hält man die Zahlungsfrist dann nicht ein,
spaziert der Gerichtsvollzieher zur Tür herein.
Der Dispo lebe dreimal hoch,
meine Rettung und mein Joch.
Denn irgendwann ist dieser ausgereizt,
alles was da war habe ich verheizt.
Gebe Geld an falschen Stellen aus,
komme aus dieser Falle nicht mehr raus.
Stopfe ein Loch, mache ein anderes auf,
wie ich es ändern kann, komme nicht drauf.
Was kann ich tun, was kann ich machen,
muss doch nicht immer aus allen Nähten krachen.
So habe ich mal Geld, mal keines,
doch selten ist es nicht wirklich meines.
Aber so wie mir geht es sehr vielen,
die zu wenig haben und nach mehr schielen.
Irgendwie bin ich auch selbst an meiner Lage schuld,
zum Haushalten, zu abwarten fehlt mir die Geduld.

Die Verlockungen sind einfach viel zu groß,
will so vieles gleich haben und das ohne Moos.
So war das bei mir in jungen Jahren,
die Situation hoffnungslos völlig verfahren.
Irgendwie habe ich dann die Kurve bekommen,
die Stimme der Vernunft hat Form angenommen.
Habe mein Leben genommen in die Hand,
und so ganz langsam meine Not verschwand.
Es war gut und richtig, dass ich dies alles durchlebt,
habe viel zu lange in Illusionen geschwebt.
Hat sehr lange gedauert bis ich es erkannt,
dass ich Hirngespinsten blind bin nachgerannt.

Nur nicht heute

Eigentlich hätte ich noch so viel zu erledigen,
nur fällt es unendlich schwer mich zu betätigen.
Trägheit und Unlust ist bei mir eingezogen,
so wie es aussieht auch noch lange nicht verflogen.
Ich kriege meinen Hintern einfach nicht hoch,
hänge voll drin, ich nicht mal mehr für mich koch.
Schlurfe nur so nutzlos in der Gegend rum,
dränge alles beiseite mach keinen Finger krumm.
Beschäftige mich mit völlig sinnlosem Kram,
fühle ob meines Zustandes auch irgendwie Scham.
Wird Zeit, dass ich mir mal wieder einen Tritt gebe,
runter von der Wolke auf der ich derzeit schwebe.
Obwohl mich mein Gewissen schon ziemlich traktiert,
bleibt alles liegen, so gut wie nichts mich interessiert.
Alles schiebe ich seit Tagen vor mir her,
bin ausgelaugt innerlich irgendwie leer.
Doch irgendwann tritt wieder eine Wandlung ein,
wie weggeblasen ist plötzlich mein trostloses Sein.
Die Dinge gehen mir leicht von der Hand,
habe Hoffnung, sehe wieder etwas Land.
Ich nehme mir vor, dass das mir nie wieder passiere,
weil es mich runterzieht und ich mich auch geniere.
Doch bisher hat dieser Vorsatz nie lange gehalten,
nur unsäglicher Druck lässt mich dann walten.
So ist das mein immerwährendes Problem,
statt Regelmäßigkeit, immer mal faul und bequem!

Selbsterkenntnis

Es fällt mir schwer positiv in die Zukunft zu sehen,
doch etwas spricht zu mir, es könnte auch anders gehen.
Nun es geht nicht alles daneben und ist nicht schlecht,
nur es so zu sehen, gelingt mir gar nicht so recht.
Viel einfacher ist es zu jammern und zu klagen,
so geht es mir oft, an so manchen Tagen.
Ich bin gut darin Fehler aufzuzeigen,
auch darin meine Defizite tot zu schweigen.
Es ist leichter zu lamentieren, anstatt aktiv zu handeln.
in Selbstgefälligkeit durch die Gegend zu wandeln.
Bin ich es wirklich, so edel und rein,
ich würde sagen, eher nein!
Nur mit handeln kann man etwas schaffen,
muss mich endlich mal dazu aufraffen.
Es ist sehr viel leichter nur auf Missstände zu schauen,
sich zu verlassen, dass andere sich mehr zu trauen.
Bin ich irgendwann in der Lage, einen Wandel zu vollziehen,
oder werde ich weiterhin vor meiner Courage fliehen?
Dieser Aufgabe muss ich mich stellen,
statt nur mit den Hunden zu bellen.

Was bleibt?

Wohin die Zeit uns wohl treibt,
was wohl vom Altbewährten bleibt?
Wir uns in einem ständigen Wandel befinden,
es nicht immer leicht dies zu verwinden.
Man muss sich erst an die neuen Töne gewöhnen,
so viel verändert sich, nicht immer zum schönen.
Die Gesellschaft geht heute anders miteinander um,
Höflichkeit, Anstand finden einige unnütz und dumm.
Es ändert sich vieles auf der Welt, in unserem Land,
immer weniger reichen sich in ehrlicher Absicht die Hand.
Wir sind so satt, wollen aber immer mehr,
manche kommen nicht mit, hinken hinter her.
Natürlich gab es das schon irgendwie immer,
doch die Skrupellosigkeit wird, so meine ich schlimmer.
Rücksichtsloses, egoistisches Handeln greift um sich,
je besser es einen geht, desto mehr lässt er andere im Stich.
Man sich in dieser Zeit selbst am nächsten ist,
hat genug zu kämpfen mit dem eigenen Mist.

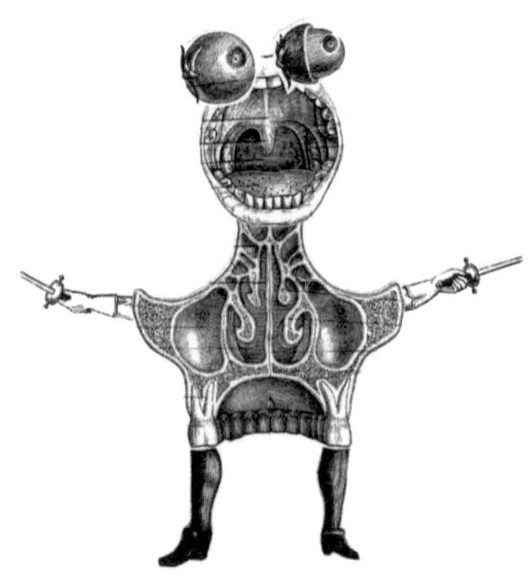

Der ständige Kampf um einigermaßen zu leben,
da ist nichts mehr da, um noch etwas zu geben.
Die Gier nach Geld, für Mitgefühl bleibt keine Zeit,
so macht sich nach und nach eine üble Kultur breit.
Es gibt einige, die sich vor keiner Perversion mehr scheuen,
sich an dem Schicksal, dem Leid anderer auch noch erfreuen.
Mit dem Smartphone wird gefilmt und ins Netz gestellt,
so verbreitet es sich blitzschnell dann in der ganzen Welt.
An Helfen wird nicht im Geringsten gedacht,
irgendjemand wird sich schon finden, der es macht.
Diese Verrohung, Gleichgültigkeit ist deutlich zu sehen,
die Ängste so vieler, kann man immer mehr verstehen.
So richten wir uns langsam selbst zu Grunde,
machen wir nicht kehrt, gehen wir vor die Hunde.
So sehr der Zustand viele von uns auch entsetzt,
doch die Hoffnung auf Besinnung stirbt zuletzt.

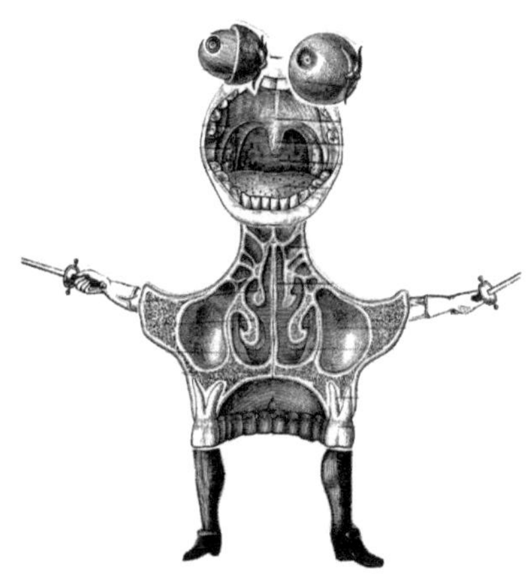

Mehr Zeit

Gönne dir doch etwas mehr Zeit,
lass dich nicht immer von ihr jagen,
vermeiden kannst du dein Leid,
du musst es nur einmal wagen.

Bist zum Opfer geworden,
lebst nach dem Takt der Sekunden,
auf der Jagd nach neuen Rekorden,
ignorierst du deine Wunden.

Spürst deine Kraft schwinden,
und kannst doch nicht innehalten,
könntest es nicht verwinden,
einfach mal umzuschalten.

Lass es nicht geschehen,
dass die Zeit dich verschlingt,
möchte nicht zu sehen,
wie sie dich niederringt.

Du bist zu einem Sklaven mutiert,
die Zeit hat dich in ihren Fängen,
dein Leben sie bislang diktiert,
lass dich nicht länger drängen.

Bleibe einfach mal stehen,
lass die Zeit davoneilen,
es wird dir bald besser gehen,
wenn du es schaffst zu verweilen.

Gut geplant!

Gute Planung erleichtert das Leben,
und doch geht so einiges daneben.
Ein ordentlicher Plan ist der halbe Gewinn,
doch manchmal steckt im Detail der Teufel drin.
Einfach mal so spontan darauf loszulegen,
mitunter riskant und eventuell sehr verwegen.
Natürlich kann es auf diese Art gelingen,
aber es muss dazu viel Glück mitschwingen.
Manche Pläne macht man auch vergebens,
es sind die Kapriolen im Wechselspiel des Lebens.
Für mich macht es zukünftig wenig Sinn,
da ich mit meinen Plänen oft alleine bin.
Ich denke mir was aus, mache einen Plan,
und komme doch nicht wirklich voran.
Immer wieder grätscht etwas dazwischen,
da Ideen anderer sich immer wieder einmischen.
So habe ich das Planen in den Wind geschrieben,
es ist mir nichts mehr anderes übriggeblieben.
Es war auf Dauer einfach nicht mehr formidabel,
das ging schon eher in Richtung von blamabel.
Habe mich nur, auf mich selbst konzentriert,
dass um mich rum, hat mich kaum interessiert.
Einfach viel zu wenig darüber nachgedacht,
was mein Einsames planen mit anderen macht.
Habe eingesehen, dass es so nicht gelingen kann,
muss was ändern und dazu brauche ich einen Plan!
Vielleicht kann ich aus meiner Haut schlüpfen,
statt weiter in dem gleichen Trott zu hüpfen.

Flaute

In mir ist seit kurzem total die Flaute drin,
kriege so schreibtechnisch nichts mehr hin.
Bin erfüllt von einer mächtigen Blockade,
und finde es natürlich extrem schade.
Fühle mich gedrängt, zu schreiben,
bin dabei mich auf zu reiben.
Inspirationen, Ideen, totale Leere,
ich so sehr mich dagegen wehre.
Was aus mir rauskommt, ist nicht gut,
doch kocht und wallt in mir das Blut.
Nur Mist zu fabrizieren, finde ich schlecht,
komme mit meinem Unvermögen nicht zurecht.
Vielleicht lege ich meinen Füller mal beiseite,
bevor ich mich noch immer mehr hineinreite.
Schließlich möchte ich meinem Anspruch genügen,
unter Zwang lässt sich die Misere nicht besiegen.
Ein Gefäß, mit nichts in der Hand zu füllen,
wie soll ich meinen Drang denn nur stillen?
Alle Reime haben sich auf bösartigste Weise versteckt,
und werden von mir trotz aller Mühe, nicht entdeckt.
Was mir so wirklich fehlt, ist die Geduld,
niemand hat daran irgendwelche Schuld.
Das was ich in mir trage, ist ein großes Geschenk,
da macht es wenig Sinn, wenn ich mich so verrenk.
Ich hoffe es kommt bald wieder zurück,
des Poeten allerhöchstes Glück.

Espenlaub

Ich bin mit einem Makel behaftet,
das habe bis heute noch nicht verkraftet.
Werde ich darauf angesprochen,
kommt Scham in mir hochgekrochen.
Zu verbergen ich es versuch,
bin geschlagen mit einem Fluch.
Früher war es noch nicht so heftig,
doch mittlerweile belastet es mich deftig.
Bei Anspannung wird es auch noch schlimmer,
was ich tun soll, hab keinen Schimmer.
Ich bin in mir ruhig und gelassen,
wer mich sieht, kann dies nicht fassen.
Wie Espenlaub ich zittere,
diese Pille ist eine bittere.
Will mich auch nicht immer erklären,
mich gegen Vorurteile ständig wehren.
Es ist nicht Angst oder Nervosität,
alles probiert, das Zittern besteht.
Nehme es wie es ist als gegeben hin,
das Wissen warum, macht keinen Sinn.
Ich es nicht mehr verberge oder totschweige,
so wie es ist, ich dazu stehe und es offen zeige.

Beeindruckt

Menschen begegnen einen im Leben,
die einen tiefen Eindruck hinterlassen,
meist aber passiert das auch eben,
diese wieder auch schnell verblassen.

Doch seltsames auch geschehen kann,
ein kurzer Augenblick schon genügt,
man denkt vielleicht gar nicht daran,
wieviel diese Begegnung einmal wiegt.

Es einem in Erinnerung bleibt,
hat sich ins Gedächtnis eingebrannt,
ein Gedanke Blüten treibt,
doch nie dazu offen bekannt.

Verborgen, tief begraben,
das Bild immer greifbar da,
etwas versäumt zu haben,
unerreichbar und doch so nah.

Nicht mit mir!

Lasse mich nicht unterkriegen,
von Schicksalsschlägen nicht besiegen.
Falle immer wieder auf die Beine,
aufzugeben ist nicht das meine.
Trifft es mich auch mal knallhart,
bleibt das Leid mir nicht erspart.
Heftig drückt mich es an die Wand,
verliere dabei fast meinen Verstand.
Bringt mich aus dem Gleichgewicht,
Dunkelheit, statt strahlendes Licht.
Sind meine Gedanken auch verwirrt,
zeitweise ziellos nur umhergeirrt.
Kann ich mich überhaupt noch besinnen,
dem Chaos jemals noch entrinnen?
Es schlägt mich gnadenlos nieder,
fast gelähmt sind meine Glieder.
In den Boden rammt mich mein Los,
meine Verzweiflung übermäßig groß.
Bleibe aber nicht sehr lange schwach,
raffe mich auf, schon kurze Zeit danach.
Ich wie ein Stehaufmännchen bin,
irgendwie kriege ich es immer wieder hin.
Habe weniger Angst vor den Morgen,
sie kommen, so oder so, die Sorgen.
Stelle mich dem Leben zu jeder Zeit,
ob Sonne, ob Regen, ich bin bereit!

Nachschau

Nun geht wieder ein Jahr zu Ende,
nur ein paar Tage sind es jetzt noch,
kommt für manchen die ersehnte Wende,
kommt Freude oder hängt man weiter tief im Loch?

Was alles in diesem Jahr ist so geschehen
Katastrophen, Unheil und das zu Hauf,
es war nicht leicht positives zu sehen,
man nahm sehr viel Ungemach in Kauf.

Manch einer sehnt das Ende herbei,
das Jahr hat ihm kein Glück gebracht,
für andere ist es schier weg einerlei,
weil es ja doch keinen Unterschied macht.

Adieu sagt man mit Geballer und Getöse,
Alkohol fließt locker durch die Kehlen,
denkt an das Gute, vergisst das Böse,
einige ihre Abscheu davor nicht verhehlen.

Eigentlich ist es immer das gleiche,
egal wie das alte Jahr auch war,
man wünscht, dass das Unglück weiche,
und alles besser wird in Neuen Jahr!

Bittere Freude!

Endlich treffe ich mal wieder meine Freunde,
nach langer Zeit endlich was los in der Gemeinde.
Wir haben uns schon ewig nicht mehr gesehen,
doch eine stabile Freundschaft kann das überstehen.
Unsere Clique ist mit der Zeit etwas dezimiert,
dass natürlich den Rest von uns sehr deprimiert.
Enge Freunde auf diese Weise zu verlieren,
ist normal und sollte doch nicht passieren.
Wir sind in alle Ecken der Welt verstreut,
dass es jetzt klappt uns alle tierisch erfreut.
Viel zu früh bin ich an dem Treffpunkt angelangt,
die Anreise von einigen hat viel Mühe abverlangt.
Wir fallen uns die Arme, sind glücklich und froh,
vielleicht das letzte Mal, dass wir uns sehen so.
Von insgesamt fünfen, sind wir gerade noch drei,
und höchstwahrscheinlich ist dies auch bald vorbei.
Doch im Moment ist uns das völlig egal,
dass hier und jetzt, zählt viel mehr, allemal.
Genießen einfach die gemeinsame Zeit,
abwechselnd mit Wehmut und Heiterkeit.
Sehr viel haben wir miteinander erlebt,
oft zusammen auf Wolke sieben geschwebt.
Denken nicht an das, was wohl nie mehr geschieht,
keiner von uns hat die Gabe und die Zukunft sieht.
Freuen uns über die wunderbaren erlebten Zeiten,
die für immer Dankbarkeit in unseren Herzen verbreiten.

Qual in der Bahn

Ich sehr selten mit der Straßenbahn fahre,
muss zugeben, es ist für mich nicht das wahre.
An der Endstation ist sie noch ziemlich leer,
kann es noch genießen, das fällt nicht schwer.
Doch so nach und nach wird es immer voller,
schon spüre ich, bin nahe an einem Koller.
Bekomme beinahe den ersten Rucksack ins Gesicht,
in sein Smartphone vertieft, bemerkt der Typ es nicht.
Dann kommen zwei Fahrräder und ein Kinderwagen,
und zwei Frauen die sich mit großen Koffern abplagen.
Die Bahn wird immer voller, kaum jemand mehr aussteigt,
mein Stimmungsbarometer in Richtung Panik zeigt.
Ich fühle mich eingezwängt, will flüchten,
doch wie soll ich dieses Werk verrichten?
Dicht aneinandergedrängt stehen sie alle da,
ich bin der schieren Verzweiflung sehr nah.
Ja und dann umhüllen mich noch alle möglichen Gerüche,
hoffentlich hört niemand meine leisen gemurmelten Flüche.
Den meisten Leuten macht es augenscheinlich nichts aus,
in mir schreit alles, ich will hier endlich nur noch raus.
Nur die Chancen rauszukommen stehen denkbar schlecht,
bleibe lieber sitzen, vermeide das unvermeidbare Gefecht.
Längst hätte ich die Bahn schon verlassen müssen,
wäre ich nur nicht eingestiegen, nun muss ich es büßen.
Doch plötzlich steigen aus die meisten Leute,
kann gar nicht sagen, wie sehr ich mich freute.
Aufgesprungen und gleich hinterher,
jetzt war das rauskommen nicht mehr schwer.
Die Moral von meiner Geschicht',
Bahnfahren bekommt mir nicht.
Wenn dann nur zu früher oder später Stunde,
fahre ich mit der Bahn eine genüssliche Runde.

Inkonsequent

Die Weihnachtstage sind nun vorbei,
es reicht auch langsam mit der Völlerei.
Noch hängt er intensiv in der Luft,
der Tannenbaum – und Kerzenduft.
Alle Geschenke sind nun verteilt,
mancher sich mit dem Umtausch beeilt.
Zum Luft holen bleibt aber nur kurze Zeit,
bis zum Jahreswechsel ist es nicht mehr weit.
Einige feiern diesen Anlass exzessiv,
sind dabei sogar richtig kreativ.
Andere dagegen lassen es ruhig angehen,
es reicht ihnen dem Feuerwerk zu zusehen.
Auch gibt es welche die dem Trubel entfliehen,
sie die Koffer packen und in die Ferne ziehen.
Manche Hoffnung steht bei vielen im Raum,
vielleicht erfüllt sich im kommenden Jahr ihr Traum.
Da ist auch noch die Sehnsucht nach mehr Frieden,
doch wird auch in dieser Nacht Gewalt nicht vermieden.
Warum ist kein Leben möglich ohne Krieg?
Es geht nur um Niederlagen oder Sieg.
Wieso müssen wir andere in die Knie zwingen?
Immerzu das ständige feilschen und ringen.
Ich kann das alles so absolut nicht verstehen,
noch schwerer fällt es mir einen Sinn darin zu sehen.
Wir alle haben das Bestreben auf vernünftiges Leben,
aber weigern uns, anderen das gleiche Recht zu geben.
Diese Ungerechtigkeit gibt mir zu denken,
kaum Bereitschaft es in andere Bahnen zu lenken.
So sind meine Gedanken für das neue Jahr,
beängstigend, verwirrend und so gar nicht klar.

Zum Geburtstag

Am Himmel Trilliarden von Sternen stehen,
den einen oder andern kann man hell und strahlend sehen.
Ein besonders hellstrahlender Stern aber bist auch du,
zauberst ein Lächeln auf den Lippen anderer im Nu.
Gibst allzeit Wärme und Geborgenheit,
hast stets ein offenes Ohr, für des anderen Leid.
Sehr am Herzen liegt dir die Kunst und Kultur,
an diesem Ort eine nicht besonders leichte Tour.
Doch verfolgst du deinen Weg unermüdlich,
trotz auf und Abs, bleibst du vergnüglich.
Bist du dann auch mal frustriert,
denn viele sind oft nicht interessiert.
Du machst einfach weiter, gibst nicht auf,
nimmst oft viel Ungemach dafür in Kauf.
Freundschaft ist für dich, mehr als nur ein Wort,
du bleibst, während andere sind schon lange fort.
Du bist, was du bist und das ist gut,
bewundernswert deine Kraft und dein Mut.
Du zauberst Freude, für Auge, Ohr und Gaumen,
man kann nur eines sagen, hoch die Daumen.
Es ist schwer dich angemessen zu beschreiben,
darum lass ich es jetzt besser mal bleiben.
Alles Gute für dich, Gesundheit und Glück,
und von allem ein ganz besonders großes Stück.

Zu oft!

Habe mir viel Mühe gegeben,
nur allzu oft ging es daneben.
Doch nie den Mut gänzlich verloren,
bald war wieder eine Idee geboren.
Prall erfüllt mit Euphorie neu angefangen,
wollte schnell an mein Ziel gelangen.
Begeisterung mit Ungeduld gepaart,
an Ehrgeiz und Eifer wird nicht gespart.
Dieses Mal wird es mir sicher gelingen,
werde nicht noch einmal ein Klagelied singen.
Lasse mich nicht wieder unterkriegen,
werde nicht noch einmal unterliegen.
So oft habe ich schon Anlauf genommen,
und doch nur eins auf die Mütze bekommen.
Habe es gut gemeint und falsch gedacht,
mich selbst zu Gespött aller Leute gemacht.
Wollte Dinge wollen, die ich eigentlich nicht kann,
hat gedauert, bis die Erkenntnis bei mir kam an.
Habe mich mehr auf meine Stärken konzentriert,
meine Träumereien endlich mal ignoriert.
So ist mein Weg geworden ein Neuer,
noch unsicher, nicht immer geheuer.
Das Ende, natürlich ist mir nicht bekannt,
schon zu oft in die falsche Richtung gerannt.
Aber ich fühle mich in meinem Tun geborgen,
mache im Gegensatz zu früher, mir weniger Sorgen.
So werde ich diesen Weg weiterhin beschreiten,
ohne Angst vor den auf mich zukommenden Zeiten.
Zuversicht und Sicherheit sind bei mir eingezogen,
werde in Zukunft nicht mehr von mir selbst betrogen.

Immer wieder

Jubel, Trubel es ist wieder soweit,
Weihnachten ist nun mal Familienzeit.
Einmal im Jahr passiert es zwangsläufig,
für einige, Gott sei Dank, nicht zu häufig.
Kommt die gesamte Familie zusammen,
existieren unterschwellig manche Dramen.
Verdrängtes strebt nach oben,
während im inneren die Kämpfe toben.
Werden Küsschen verteilt, gedrückt und intensiv geherzt,
zusammengerissen, damit man sich es nicht verscherzt.
So kleine Scharmützel sind trotz allem nicht zu vermeiden,
zu groß sind geschlagene Wunden, verborgene Leiden.
So kommt es zu dem einen oder anderen Streit,
nicht in der Lage, dass man auch mal verzeiht.
Zur Ewigkeit werden für einen die Tage,
nicht leicht zu ertragen die verzwickte Lage.
Es gibt weder ein vor noch ein zurück,
schwer ist es beiseitezutreten, ein Stück.
So wird munter weiter geheuchelt und gelogen,
obwohl man dem andern in keiner Weise ist gewogen.
Erlebt habe ich dies wirklich sehr oft,
und immer auf Besserung gehofft.
So waren die Tage konfus und angespannt,
gezwungen dabei zu sein, weil verwandt.

Wannenbaddrama!

Wenn ich in der Badewanne sitze,
und plötzlich wie blöd schwitze.
Dann ist dies der beste Beweis,
das Badewasser ist mir viel zu heiß.
Da taucht auf die berechtigte Frage,
warum ich so ein Bad überhaupt wage.
Nun das ist nicht einfach zu beschreiben,
will mich ja auch nicht ins Abseits treiben.
Wer will schon gerne als Weichei gelten,
lässt sich schon gern als Mimöschen schelten.
Ich verfüge nur über einen kleinen Boiler,
das ist nicht gerade der große Heuler.
Lasse ich mein Badewasser in Wanne laufen,
könnte ich mir schon die Haare raufen.
Das Wasser viel zu heiß am Anfang ist,
wie schon bekannt, ist dies der große Mist.
So lasse ich kaltes Wasser ein,
bis es passt, dann setze ich mich rein.
Habe ich mich dann gewöhnt daran,
fängt schon das nächste Dilemma an.
Noch ist es mir angenehm wohlig warm,
wird es kühler, schlägt es in mir Alarm.
Heißes Wasser einlaufen geht nicht mehr,
denn mein kleiner Boiler ist leider leer.
Darum ist Duschen für mich die erste Wahl,
das ist Körperpflege für mich ohne Qual.
Doch wäre ein Wannenbad mir schon genehm,
gäbe es nicht mein zu heißes Wasser Problem.

Noch nicht!

Hört mir einmal bitte zu,
ich bin zwar schon alt,
doch gebe ich keine Ruh,
brenne, mache nicht Halt.

Bin neugierig, möchte es wissen,
sauge gierig in mich auf,
brauche kein Ruhekissen,
solange ich kann, ich lauf.

Nur nicht innehalten,
es ist noch lange nicht vorbei,
kann schalten und walten,
habe noch Kraft für zwei.

Atme Freiheit und Lust,
freue mich, egal was kommen mag,
keine Zeit für jede Art von Frust,
so will ich leben, bis zum letzten Tag!

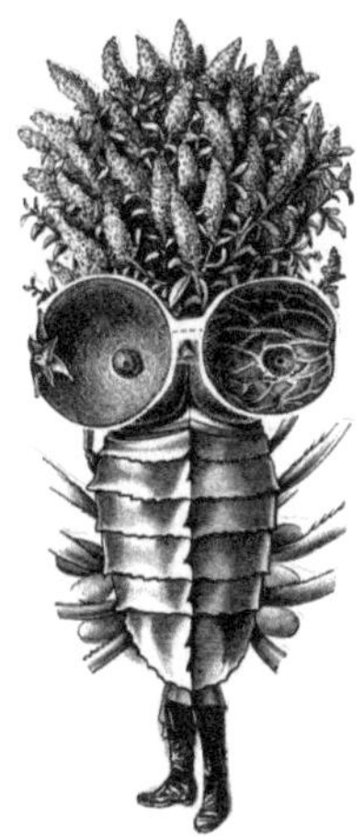

Folgeerscheinungen

Habe einen Freund Geld geliehen,
er hat es mir zurückgezahlt.
Die Folge:
Er hat sein Wort gehalten – Vertrauen!
Habe jemanden etwas versprochen
und mich nicht darangehalten.
Die Folge:
Unzuverlässig, nicht glaubwürdig – Zweifelhaft!
Habe nein gesagt, war standhaft,
jemanden vor den Kopf gestoßen.
Die Folge:
Erwartungen nicht erfüllt -Endtäuschung!
Habe auf der Straße Geld gefunden
und habe es behalten.
Die Folge:
Ich hätte es abgeben müssen – Gewissensbisse!
Habe vertraut, bin verarscht geworden,
man hat mich hinters Licht geführt.
Die Folge:
In Zukunft sehr vorsichtig – Misstrauen!
Habe jemanden in der Not geholfen,
spontan aus der Situation heraus.
Die Folge:
Ein gutes Gefühl – Dankbarkeit!
Egal wie ich handle,
welche Entscheidungen ich treffe.
Es hat Folgen
für mein Gegenüber.
Man macht sich da im alltäglichen
darüber nicht großartig Gedanken.
Es ist auch völlig normal,

dass ich mir nicht immer,
schon im Vorhinein überlege,
bei jedem Schritt den ich mache,
welche Folgen er haben könnte.
Ich rede nun nicht
von wichtigen Entscheidungen,
nein, sondern von den kleinen,
so scheinbar unbedeutenden Gegebenheiten.
Wenn es aber um mich, meine Person geht,
so sieht dies aber völlig anders aus.
Die eigene Befindlichkeit hat da einen
ganz anderen Stellenwert.
Auch irgendwie normal und auch in Ordnung.
Das wahrzunehmen,
vielleicht etwas mehr Sensibilität zu entwickeln,
wäre eine Chance für einen selbst und für sein Umfeld.
Wir nehmen so vieles als gegeben,
nicht veränderlich hin
und neigen dazu, es einfach zu ignorieren.
Bei vielen ist es auch Resignation
oder eine Art von Selbstschutz.
Kann man dies alles so stehen lassen,
einfach so weitermachen,
es ist halt wie es ist?
Oder bewusst hinzuschauen!
Die Folge:
Achtsamkeit und Respekt,
gegenüber Menschen, Tieren
und vor allem unserer Erde!
Ob das wohl gehen würde?
Darüber nachzudenken,
wäre es allemal wert!

Höchste Eisenbahn

Ich muss endlich einmal handeln,
es wird höchste Zeit mich zu wandeln.
Mein Auto bleibt nun öfter stehen,
werde stattdessen zu Fuß mal gehen.
Auch das süße Zeug darf nicht mehr sein,
halte zukünftige meinen Magen davon rein.
Auf Nikotin sollte ich wohl auch verzichten,
sonst wird das Zeug mich noch vernichten.
Werde auch der Fleischeslust nicht mehr frönen,
mich häufiger mit vegetarischen verwöhnen.
Ich werde mich auch nicht mehr überall reinhängen,
und andere zu etwas Ungewollten drängen.
Doch würde ich all dies umsetzen in die Realität,
sowieso sehr fragwürdig ob dies überhaupt geht.
Aber sollte es gelingen, mal so angenommen,
macht ein Gedanke mich sehr beklommen.
Ein Leben in Enthaltsamkeit und Verzicht,
allen Ernstes, so glaube ich, liegt mir nicht.
Aber Veränderungen stehen im Raum,
doch bis ich soweit bin, bleibt es ein Traum!

Vorbei

Vorbei die Zeit,
die Angst vor dem Morgen,
mit immerwährenden Leid,
den Tag vollgepackt mit Sorgen.

Vorbei die Zeit,
der Kampf um Liebe,
erfüllt von Neid,
Opfer meiner Triebe.

Vorbei endgültig die Zeit,
immer nur zu suchen,
ständig wechselt das Kleid,
um doch nichts zu verbuchen.

Gekommen ist nun die Zeit,
um mein Leben in die Hand zu nehmen,
auf zu neuen Ufern; endlich bereit,
es zu tun, statt sich danach zu sehnen.

Innerer Streit

Nicht zu glauben wie mir die Beine tun weh,
wenn ich mal ausnahmsweise ein paar Schritte geh.
Erst kürzlich war ich eine längere Strecke laufen,
war ganz nah dran, mir ein Busticket zu kaufen.
Habe mir vorgenommen mich mehr zu bewegen,
aber immerzu rede ich mich raus, spricht was dagegen.
Ständig muss ich gegen meinen Schweinehund kämpfen,
das kann die Lust sich zu bewegen, mächtig dämpfen.
Da heißt es nun, die Zähne zusammenbeißen,
da muss ich durch, will es mir selbst beweisen.
Meiner Bequemlichkeit den Kampf angesagt,
den ersten Schritt zur Veränderung gewagt.
Doch fing ich gerade mit dem Anfangen an,
schon stellt sich die Frage, bleibe ich auch dran.
Noch ist meine Motivation sehr stark in mir,
nur wie lange geht das, brenne ich dafür?
Das Durchhaltungsvermögen ist mein Thema,
es läuft immer nach dem gleichen Schema.
Zu durchbrechen gilt es diesen Teufelskreis,
extremst schwierig, wie wohl mancher weiß.
Denn irgendwann lässt das ganze ziemlich nach,
der Sauhund wird größer und macht schwach.
Bald ist dann dieser Punkt wieder erreicht,
wenn die Stärke der Bequemlichkeit weicht.

Mir egal

Ich parke mein Auto, wo es mir passt,
unnötige Wege sind mir total verhasst.
Auch wenn sich jemand darüber empört,
mich dies nicht im Geringsten stört.
Halteverbote und sind sie auch noch so absolut,
bekomme ich ein Ticket, leiste ich gerne den Tribut.
Behindertenparkplätze werden grundsätzlich ignoriert,
geht mir am Arsch vorbei, bin nicht daran interessiert.
Natürlich auch Radwege mich nicht tangieren,
die können ausweichen, was soll schon passieren.
Auf Bürgersteigen ich gewöhnlich auch parke,
die Fußgänger sind schwach, ich bin der starke.
Frage mich sowieso, für was ich Steuern bezahl,
habe mit der Parkplatzsuche oft genug meine Qual.
Für einen Platz auf der Straße auch noch zu zahlen,
dies mir ziemlich stinkt, kann sich wohl jeder ausmalen.
So ist leider von vielen Autofahrern ihr denken,
die dem Bedürfnis anderer keine Beachtung schenken.
Es fällt mir sehr schwer dafür Verständnis aufzubringen,
muss mich oft zur Ruhe und Zurückhaltung zwingen.
Diese Achtlosigkeit mir großen Kummer bereitet,
wenn es so weitergeht und immer mehr voran fortschreitet?
Die Antwort muss ich resignierend schuldig bleiben,
kann nur machtlos zusehen, bei diesen achtlosen Treiben!

Mir reichts

Ich gebe mein bestes, und dies immer,
das kann man mir getrost glauben,
habe wirklich keinen Schimmer,
wieso wir uns die Nerven rauben.

Ich genüge ihren Anspruch nicht,
so sehr ich mich auch anstrenge,
für sie bin ich nur ein kleines Licht,
treiben mich mächtig in die Enge.

Das ich was kann, muss ich nicht beweisen,
dies habe ich schon oft und zu genüge getan,
aus dem Feuer geholt, so manches Eisen,
fange jetzt nicht an mir zu zweifeln an.

Ich kenne meine Schwächen und Fähigkeiten,
bin jederzeit bereit etwas Neues zu erlernen,
habe Spaß auch in schwierigen Zeiten,
komme über mein Tun, schon mal ins Schwärmen.

Doch kann ich es so gar nicht leiden,
wenn ihr mir unterstellt, was nicht ist,
werde die Wahrheit nicht vermeiden,
kommt es dadurch auch zum Zwist.

Fühle mich ausgenutzt und betrogen,
habe ihren Versprechungen vertraut,
Dreist haben sie mir ins Gesicht gelogen,
und ich habe voll auf Sand gebaut.

Sie wollten aussaugen mich,
vermitteln, dass nur an mir es liegt,
es gibt in meinen Herzen einen Stich,
wenn jemand die Wahrheit so verbiegt!

Einladung an alle

Kommt ein Virus angeflogen,
landet er bestimmt bei mir,
das Schicksal ist mir nicht gewogen,
wenn's brennt, dann vor meiner Tür.

Ragt ein Stein im Bürgersteig über,
zieht er wie magisch mich an,
und prompt stolpere ich drüber,
das ist bei mir schon Programm.

Gibt es irgendwo etwas zu holen,
bin ich vorne mit dabei,
seien es Viren, Bakterien oder Pollen,
ich am lautesten danach schrei.

Da helfen kein Schal oder Hexenzauberei
auch wenn ich ging in Quarantäne,
werde anscheinend nie davon frei,
so sehr ich mich danach auch sehne.

Gäbe es mal aber etwas zu gewinnen,
muss keine Hoffnung ich mir machen,
meine Träume da stets zerrinnen,
und sich andere ins Fäustchen lachen.

In Zukunft gestalte ich eine Runde,
lade alle Viren und Bakteriensammler ein.
Gemeinsam in der schweren Stunde,
sollte kein Betroffener mehr alleine sein.

Kalt erwischt

Was gibt es da noch zu reden,
es ist doch alles schon passiert,
ich bin schon sehr betreten,
dein Verhalten mich irritiert.

Du hast die Entscheidung schon getroffen,
willst mir es jetzt nur schonend beibringen,
warst seit langem zu mir nicht mehr offen,
hast keine Ahnung wie deine Worte klingen.

Du hast mich in Sicherheit gewogen,
dein Leben mit mir lange geteilt,
hast dich und mich übelst belogen,
dass deine Liebe zu mir ist enteilt.

Meine Welt war in Ordnung,
habe es nicht kommen sehen,
bin nun bar jeder Hoffnung,
muss meinen Weg nun alleine gehen.

Alles hat ein Ende und einen Beginn,
ein ständiger Wandel uns begleitet,
oft ist nicht zu verstehen der Sinn,
das Leben uns derart Schmerzen bereitet!

Farbenfroh

Langsam versinkt die Sonne,
man könnte meinen der Himmel brennt,
die Stimmung fast mystisch ist,
nicht wissend, wie man so etwas benennt.

Wolkenschleier ziehen langsam dahin,
Spaziergänger bleiben staunend stehen,
ich von dem Bilde gefangen bin,
habe schon lange nicht so etwas gesehen.

Von der schönsten Seite die Natur sich zeigt,
und ist es auch nur ein kleiner Moment,
vor Ehrfurcht und Staunen man schweigt,
das wahre Wunder man darin erkennt.

Nun ist die Sonne versunken,
hereinbrechen wird bald die Nacht,
von dem Schauspiel noch trunken,
mich auf dem Heimweg gemacht.

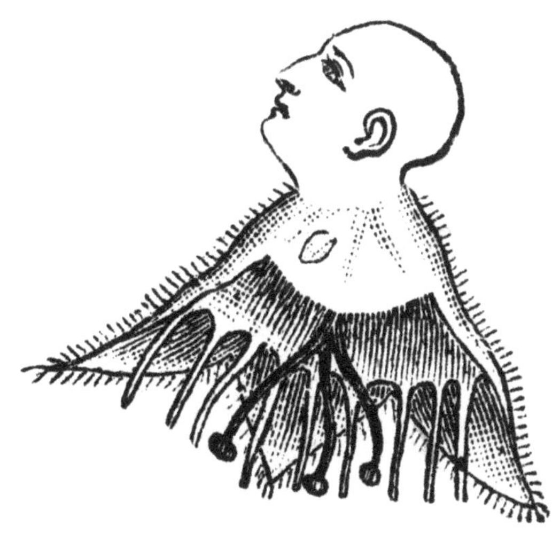

Nichts auf Dauer!

Ist alles gut und läuft alles rund,
ist man zudem auch noch kerngesund.
Da macht das Leben so richtig Lust,
ignoriert wird der Ärger, sowie der Frust.
Doch was, wenn das Schicksal sich wandelt,
wenn man plötzlich nicht mehr selbst handelt.
Dann sind vergessen die guten Zeiten,
die Sorgen, schlaflose Nächte bereiten.
Das Unglück der Welt drischt auf einen ein,
alles aber wirklich alles ist nur noch gemein.
So hängt man tief drin in seinem Trauertal,
der Probleme sind viel zu viele an der Zahl.
War verwöhnt mit all den schönen Dingen,
unvorstellbar, dass dies kann nochmal gelingen.
Im innersten man weiß, es hält nicht ewig an,
nur fällt es unerträglich schwer, zu glauben daran.
Das für einen auch mal wieder die Sonne scheint,
und das Leben, es mit einem auch wieder gut meint.
Doch würde es diese Tiefs nicht immer wieder geben,
wüssten man nicht zu schätzen die Hochs in unser Leben.
Sollten es vielleicht als eine der Möglichkeiten sehen,
dass aus Niederlagen durchaus auch Chancen erstehen.

Geschrei

Ich brülle, lamentiere heftig,
mitunter auch mal sehr deftig.
Einiges liegt im Argen, es regt mich auf,
vieles hat so richtig einen schlechten Lauf.
Die Machtlosigkeit mich übermannt,
werde von den Ereignissen überrannt.
Mich immer mehr hintergangen gefühlt,
durch die Mangel gedreht, weichgespült.
Wie im Puppentheater, gesteuert fremd,
es an allen Ecken und Kanten ziemlich klemmt.
Dagegen anzukämpfen habe ich versucht,
und den Misserfolg dauerhaft gebucht.
Habe das Rumpelstilzchen in mir,
es bricht aus und ich explodier.
Es gibt so vieles was mich stört,
finde so manches einfach unerhört.
Wegschauen, ändern kann man es eh nicht,
das wäre für mich ein ganz arger Verzicht.
So kämpfe ich weiter gegen Windmühlen an,
will nicht wahrhaben das es zwecklos sein kann!

Alles wird gut,
keine Angst.

In diesem Moment

Ich sitze am Fluss,
die ersten wärmeren Tage,
in diesem Winter.
Die Sonnenstrahlen
nach der düsteren Zeit,
erhellen mein Gemüt,
bringen natürliche
Wärme in den Körper.
Möwen, Enten und Schwäne
treiben auf dem Wasser.
Der Fluss fließt träge dahin,
die Strömung ist kaum zu sehen,
scheint stillzustehen,
wie auf einen See.
Spaziergänger flanieren
am Ufer entlang.
Kinder vergnügen sich,
kreischend auf dem
nahegelegenen Spielplatz.
Skater fahren Slalom
zwischen den Menschen.
Radfahrer bahnen sich
klingelnd ihren Weg.
Von fern klingt,
leise brummend
der Großstadtlärm.
Aber ich hier
auf der Bank sitzend,
nehme das Treiben
um mich nur
am Rande wahr.

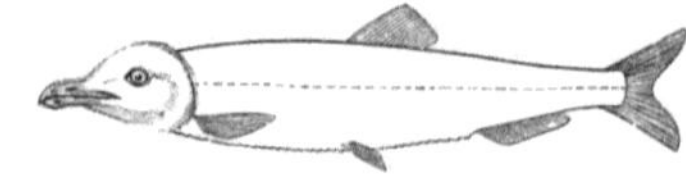

Bin eins mit der Natur,
fühle mich geborgen
und getragen.
In diesem Moment
hat sich in mir
ein Gefühl des
großen Glückes
und der Zufriedenheit
breitgemacht.
Es wirkt noch
einige Zeit in mir nach.
Mit dem Gekreische
der um ein Stück Brot,
streitenden Möwen,
verabschiede ich mich
mit Freude im Herzen!

Dualität

Liebe und Hass!
Sie gehören zusammen,
sind eins.
Könnten wir lieben,
es als solches bemerken,
wenn uns Hass fremd wäre?
Freude und Trauer!
Gäbe es keine Traurigkeit in uns,
wüssten wir auch nicht,
was Freude bedeutet?
Lachen und Weinen!
Echtes Lachen befreit
und ist doch dem Weinen nah.
Wir weinen aus Freude oder
aus Kummer und Schmerz.
Gunst und Missgunst!
Könnten wir gönnen können,
wenn das Gefühl des Neides
uns unbekannt wäre?
Positiv und negativ!
Wie könnten wir Erlebnisse
und Gegebenheiten einordnen,
wenn wir es nicht wüssten,
was sie für uns bedeuten?
Dualität ist ein elementarer Bestandteil,
in unser aller Leben,
ohne wäre es nicht denkbar.
Wir wären nur mechanische,
emotionslose Maschinen.
Ich bin froh darüber,
all dies auskosten zu können.

Egal wie schmerzhaft,
einschneidend es auch oft ist.
Mich haben die negativen Erlebnisse,
in meinen Leben mehr bereichert,
als die positiven.
Wie sollte ich auch das gute,
das mir widerfahren ist,
wahrnehmen können,
wenn die andere Seite,
mir verschlossen geblieben wäre?
Wir neigen dazu das Gute
einfach so als gegeben hinzunehmen,
oft bemerken wir es gar nicht.
Die andere Seite erinnert uns daran
und gibt uns die Kraft
aufzustehen und weiter zu gehen!
Yin und Yang!

Spät dran

Ich bin immer viel zu spät dran,
sind andere fertig, fange ich erst an.
Bin mit dem Spätzünder Gen geboren,
habe viel versäumt, so einiges verloren.
Fing schon an mit dem anderen Geschlecht,
meine Spezis waren da schon voll im Gefecht.
Ich im Traum daran noch gar nicht gedacht,
mit mir Hänfling sowieso eh keine rummacht.
Sie rauchten damals schon wie ein Schlot,
ich nicht, hielt mich an des Stiefvaters Verbot.
Auch in der Schule immer hinten dran,
seltsam, es ging schief, egal was ich fing an.
Auch Beruflich erst so gar nichts auf die Reihe bekommen,
da haben andere schon die Karriereleiter erklommen.
Erst viel später habe ich dann Gas gegeben,
und es lief dann mal nicht alles daneben.
Weiß nicht woran dieses „spät dran" liegen kann,
ist auch egal, jetzt ist nichts mehr zu ändern daran.
Bis zum Heutigen Tage hinke ich hinterher,
nur heute stört es mich nicht mehr so sehr.
Auch Spätzünder kommen an ihr Ziel,
ich bin da wohl das beste Beispiel.
Habe für mich alles erreicht,
war es auch nicht immer leicht.
Für alle Nachzügler auf dieser Welt,
ankommen, das ist es, was letztendlich zählt.

Gedankenterror

Gedanken, was die mit einem so machen,
das ist meist nicht wirklich zum Lachen.
Gedanken einen schon mal in die Irre leiten,
dadurch kann sich viel Ungemach ausbreiten.
Gedanken schnell mal zu Misstrauen führen,
sie einen äußerst unangenehm berühren.
Gedanken sind schuld an schlaflosen Nächten,
sind beherrscht von düsteren Mächten.
Gedanken sich im Kreise drehen,
da fällt es schwer, noch klar zu sehen.
Gedanken treiben einen zur unsinnigen Tat,
sich nicht mehr wirklich im Griff dann hat.
Gedanken richten oft sehr viel Unheil an,
weil man mit niemanden darüber reden kann.
Gedanken, setzen sich erst einmal richtig fest,
verliert man die Contenance und auch den Rest.
Gedanken, irgendwann muss man sie stoppen,
damit sie einen nicht ständig weiter foppen.
Gedanken sind eine sehr starke Macht,
darum heißt es damit umzugehen mit Bedacht.

Wäre ich dabei?

Die allgegenwärtige Korruption lebe und blühe,
da lohnt sich das Risiko und dass bisschen Mühe.
Man muss nur eine Seite kräftig schmieren,
es geht nur ums gewinnen, nur ja nicht verlieren.
Eine große teure Reise in die Karibik beschwingt,
dem zu widerstehen, wahrhaft nicht jedem gelingt.
Es wird unvorstellbar gedeichselt und getrickst,
das Gewissen schlicht und problemlos ausgeixt.
Man hat sich gegenseitig in der Hand,
nicht zimperlich und keineswegs genannt.
Um etwas auf den Markt zu etablieren,
muss man schon mit Verlockungen brillieren.
Eine tolle Party mit den hübschesten Frauen,
man muss nur vorher, die Kameras aufbauen.
Es wird viel Geld bezahlt für Striktes schweigen,
ja nur keine Hemmungen oder Gefühle zeigen.
Nun die von uns allen so verteufelte Korruption,
in bestimmten Klassen ein durchaus guter Ton.
Würde ich mich in diesen Gesellschaftsschichten bewegen,
könnte ich tatsächlich für mich die Hand ins Feuer legen?
Wäre ich so edel und auch stark genug,
oder wäre ich dabei bei diesem Betrug?

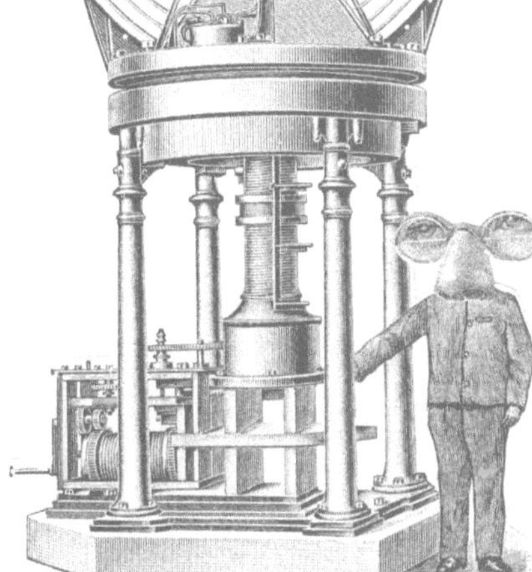

Verstehe nicht?

Ist moppen ein Phänomen der heutigen Zeit,
oder gab es immer die Lust an dem anderen Leid?
Zu meiner Zeit gab es natürlich auch die Hänseleien,
doch nie so krass, das war durchaus zum Verzeihen.
Bestimmte Grenzen wurden niemals überschritten,
so dass ein anderer bis zur Verzweiflung hätte gelitten.
Man brauchte auch keinen Sozialarbeiter oder die Polizei,
das wurde unter uns geregelt, Fairplay war immer dabei.
Es haute auch nicht eine Gruppe auf einen ein,
da war niemand so hinterhältig und gemein.
Man konnte auch rumlaufen, wie es einen passt,
wegen Klamotten wurde niemand gedisst oder gehasst.
Aber vielleicht ist auch mein Blick verstellt,
und es war durchaus nicht so die heile Welt.
Doch was man heute so hört und liest,
wie das Leben anderer wird vermiest.
Nur um sich irgendwelche Vorteile zu verschaffen,
greift man zu den hinterhältigsten gemeinen Waffen.
Werden Menschen sogar in den Suizid getrieben,
wo ist da die Hemmschwelle, das Gewissen geblieben?
Im Netz werden Menschen anonym gerichtet,
werden Familien, Existenzen schamlos vernichtet.
Ich verstehe einfach nicht wie die Zeit hat sich gewandelt,
dass so verbrecherisch, verantwortungslos, wird gehandelt.
Und so viele tun nichts, schauen einfach zu,
es deprimiert mich und lässt mir keine Ruh!

Warum?

Warum schaut mich der so schräg von der Seite an,
in diesem Moment ich das so gar nicht ertragen kann.
Mache ich etwas falsch seiner Ansicht nach,
wenn der nicht damit aufhört, kriegt er Krach!
Was ist nur los mit dem, spürt er meine Stimmung nicht,
dass was nicht stimmt, sieht man an meinem Gesicht?
Wir sitzen da in einer Runde, am Diskutieren,
von dem Gelabber schon weichgekocht ist mein Hirn.
Immer wieder hin und her und nochmal von vorn,
der braucht sich nicht wundern, es wächst mein Zorn.
Es fixiert mich lässt seinen Blick nicht einmal schweifen,
zu gerne würde ich aufstehen und ihn mir greifen.
Vielleicht sollte ich einen auf Pokerface machen,
und heimlich hämisch mich ins Fäustchen lachen.
Ich werde ihn am Ende der Sitzung einfach mal fragen,
ihm nebenbei noch ganz ordentlich meine Meinung sagen.
Natürlich habe ich ihn dann auch angesprochen,
er hat meinen Ärger, meine Wut, sofort gerochen,
Doch dann klärt er mich auf, oh wie unangenehm,
ich habe es nicht bemerkt, konnte es nicht sehen.
Auf meinem Hemd prangt ein großer Tintenfleck,
mein Füller ist ausgelaufen, welch ein Schreck.
Es konnte einfach nicht abwenden seinen Blick,
war magisch angezogen von meinem Missgeschick.
Ich hätte da wohl besser mal auf mich geschaut,
und ihm nicht was Übles, feindseliges zugetraut!

Angewohnheiten

Ich habe einige liebgewonnene Angewohnheiten,
die meinen Hausarzt zu mahnenden Worten verleiten.
Esse ich doch liebend gerne Leberkäse und Weißwurst,
lösche vorzugshalber mit ungesunder Cola meinen Durst.
Besonders genieße ich die fette Haxe vom Schwein,
auch in meinem Kaffee muss unbedingt Zucker rein.
Auf mein Brot wird Schmalz dick geschmiert,
und mit Schnittlauch noch etwas garniert.
ohne Zucker, Gluten – und Laktose frei,
geht an mir so grundsätzlich vorbei.
Eine gute Sache ist Vegan und vegetarisch,
kommt bei mir eher selten auf dem Tisch.
Viele werden zu Recht jetzt sagen,
ich tu nichts Gutes für Darm und Magen.
Auch die anderen Innerreihen,
werden es mir nicht verzeihen.
Soll ich jetzt wirklich gesünder leben,
dem Genuss, den Laufpass geben?
Die meiste Antwort, wäre wohl ein Ja,
spring über deinen Schatten, ist doch klar.
Aber mir geht es überhaupt nicht schlecht,
es zu verändern, wäre mir gar nicht recht.
Und doch mache ich mir da schon meine Gedanken,
sie bringen meine Angewohnheiten mächtig ins Wanken.
Vorerst aber lasse ich das Ganze noch ein Weilchen ruh'n
werde mir und meinem Magen weiterhin was Gutes tun.

Kaffeepause

Ich sitze Kaffee trinkend an meinem Tisch,
im ganzen Haus riecht es streng nach Fisch.
Seit geraumer Zeit ein Hund jault und bellt,
sein Frauchen ist Gassi, er die Stellung hält.
Liebesgestöhne aus der Wohnung nebenan,
das läuft bei denen immer nach Wochenplan.
Über mir probiert einer seinen Schlagbohrer aus,
der Lärm ist zu hören im gesamten Haus.
Auf der Straße plötzlich lautes Geschrei und Krakele,
muss überlegen ob die hundertzehn ich wähle.
Zwei Auto haben sich sehr unsanft geküsst,
einer der Fahrer seine gute Kinderstube vergisst.
Vor meinem Küchenfenster ein Baum steht,
in dem es gerade jetzt ziemlich rund geht.
Zwei Ringeltaubenpärchen streiten sich um ein Nest,
ein sehr heftiges Flügelflattern in des Baumes Geäst.
Jetzt werde ich auch noch musikalisch unterhalten,
werde meinen Tag nun etwas anders gestalten.
Meine Kaffeetasse ist ohnehin schon leer,
Ruhe zu finden fällt mir dann doch schwer.
Konzentriert Zeitung lesen war nicht möglich,
dieses Vorhaben scheiterte dieses Mal kläglich.
Doch diese Lebendigkeit schon etwas Reizvolles hat.
in unserem Haus weit draußen am Rande der Stadt.

Lange nicht!

Lange nicht bemerkt, noch weniger daran gestört,
aber heute zuweilen es mich mächtig empört.
Bin irgendwie auch nicht mehr so tolerant,
es ist auch schon lange nicht mehr amüsant.
Die Welt um mich verändert sich rasend schnell,
liegt es vielleicht gar an meiner Einstellung, eventuell?
Trage ich möglicherweise die falsche Brille,
es ist für mich eine sehr bittere Pille.
Meine Werte haben sich total verschoben,
viele widerstreitende Gefühle in mir toben.
Fühle mich klar ins Abseits gestellt,
das ist sogar nicht mehr meine Welt!
Meine Sprache ist nicht mehr die gleiche,
ich so viele Menschen kaum mehr erreiche.
Mein Verständnis für gegenseitige Würde und Respekt,
unverschämte Rücksichtslosigkeit sich nicht mehr versteckt.
Was ist es, dass so vieles verschwindet und verroht,
viele fühlen sich nicht wohl und zeitweise bedroht.
Ich will aber auf niemanden mit dem Finger zeigen,
kann aber meine Angst und Sorge nicht verschweigen.
Alle Seiten sind zum baldigen Wandel gefragt,
es reicht nicht aus, dass man es beklagt.
Es wäre so wichtig und schön, würden wir uns besinnen,
keiner würde verlieren aber jeder könnte gewinnen.

Habe

Habe gesoffen und in den Tag hineingelebt,
bin zeitweise in seltsamen Sphären geschwebt.
Nichts habe ich anbrennen lassen,
meine Devise war, hoch die Tassen.
Immer wieder habe ich betrogen,
mich selbst verarscht und belogen.
Den Tag habe ich zur Nacht gemacht,
andere verspottet und ausgelacht.
Habe mich allen Lüsten hingegeben,
wollte alles mitnehmen, alles erleben.
Viel zu spät habe ich Vernunft angenommen,
gerade noch so eben die Kurve bekommen.
Voll auf der schiefen Bahn habe ich mich befunden,
verbrachte in zwielichtigen Kreisen manche Stunden.
Irgendwann habe ich es eingesehen,
und musste es mir selbst eingestehen.
Das kann nicht weiterhin mein Lebensweg sein,
so faul, so schäbig, hinterhältig und gemein.
Verändern musste ich mein Leben radikal,
der Grat auf dem ich lief, war sehr schmal.
Viel Porzellan wurde von mir zerschlagen,
mehr gibt es darüber nicht mehr zu sagen.
Denke oft mit Schrecken zurück,
zerstört habe ich so manches Glück.
Obwohl ich schon lange vollzogen habe meine Wandlung,
kann ich sie nicht vergessen meine damalige Handlung.
Zurückdrehen kann ich nicht mehr das Rad,
der Nachgeschmack meines Tuns bleibt fad.
Diese Schuld wird mich immerzu begleiten,
als Dorn in meiner Seele für alle Zeiten.

Hundsgemein

Wenn ein Hund mitten auf den Bürgersteig kackt,
mich dann nicht gleich die Wut darüber packt.
Aber wenn die Hundehalter es einfach ignorieren,
und sich dafür in keiner Weise interessieren.
Dann platzt mir ganz schnell der Kragen,
wie mich das ärgert, kann ich gar nicht sagen.
Sie hinterlassen eine riesige Schweinerei,
und es geht ihnen am Allerwertesten vorbei.
Nur weil sie Steuer zahlen für ihren Hund,
sehen sie fürs Häufchen beseitigen keinen Grund.
Im Gegenteil sie fühlen sich noch im Recht,
diese Unachtsamkeit sich manchmal böse rächt.
Den tritt man in einen solchen Haufen hinein,
ist das dann für den Betroffenen mehr als gemein.
Hat man an seinen Schuhen mal diesen Dreck,
kriegt man ihn nicht immer so leicht weg.
Die Sauerei ist schon mehr als unangenehm,
nur weil einige zum Handeln sind zu bequem.
Für mich ist diese Einstellung einfach nur asozial,
sowas zu akzeptieren geht für mich auf keinen Fall.
Sie machen sich nicht schmutzig die Hände,
den Schaden haben andere am Ende.
Mein Fazit, der Hund ist rein,
der Mensch ist hier das Schwein.
Obwohl ein Schwein vielleicht sogar reinlicher ist,
nur der Mensch verteilt überall seinen Mist!

Sammeln

Es gibt so viele Dinge die mir wichtig sind,
da benehme ich mich manchmal wie ein Kind.
In mir wühlt eine große Leidenschaft,
die ist für mich nicht immer vorteilhaft.
Sehe ich etwas das mich berührt,
werde ich ganz schnell verführt.
Ich werde dann sehr leicht schwach,
mache es mir dann nicht immer einfach.
Bin bereit mich einzuschränken,
um mir selbst Freude zu schenken.
Schieße mal schnell übers Ziel hinaus,
hole mir das Begehrte in mein Haus.
Habe einfach Freude an so vielen schönen Dingen,
die mich immer wieder mal in eine Zwickmühle bringen.
Ob Briefmarken Mineralien oder Ammoniten,
Miniaturautomodelle ich lasse mich da nicht lange bitten.
Doch nicht nur Materielles mich interessiert,
es gibt so vieles was mich fasziniert.
Auch das Ideelle kommt bei mir ins Regal,
es nicht zu tun, wäre ziemlich fatal.
Gelebte Erinnerungen in sich aufzubewahren,
ist eine Passion geworden in all den Jahren!

Handwerk

Ich arbeite gerne mit meinen Händen,
mit ihnen etwas zu gestalten, zu vollenden.
Fühle ich mit meinen Fingern das Material,
ob Holz oder Eisen, ist mir völlig egal.
Wenn ich es dann zu bearbeiten beginne,
den Hammer über den Amboss schwinge.
Das Eisen nach meinem Sinne zu formen,
weit entfernt von irgendwelchen Normen.
Mich berauscht der Geruch von Öl und Metall,
am liebsten hätte ich den dauernd und überall.
Oder wenn über das Eisen gleitet die Feile singend,
das Geräusch wie Musik in meinen Ohren klingend.
Ich bin da voll in meinem Element,
mich nichts dabei bremst oder hemmt.
Mit dem Material Holz bin ich nicht so sehr gewandt,
trotzdem nehme ich es zur Gestaltung gerne in die Hand.
Das Geräusch des Hobels, wenn die Späne fliegen,
es wirkt so heimelig, so irgendwie gediegen.
Der Geruch des Holzes in meine Nase dringt,
und meine Sinne in die Verwöhnungszone bringt.
Mit dem Stechbeitel oder Raspel das Holz zu gestalten,
da bin ich in meiner Schaffenswut kaum noch zu halten.
Inspiriert davon, wie Stück für Stück, das Werk entsteht,
es auch um Herausforderung und Grenzüberwindung geht.
Ich habe mich aus Überzeugung zum Handwerk entschieden,
war bis heute mit meiner Entscheidung mehr als zufrieden.
Viele wollen heute kein Handwerk mehr erlernen,
lieber von dem scheinbar höheren schwärmen.
Schwere Arbeit und schmutzige Hände sind nicht attraktiv,
einige bewerten es unter ihrer Würde oft sogar negativ.
Den goldenen Boden hat das Handwerk verloren,
wäre schön, es würde wieder neu geboren.
Denn ohne Handwerk würde so vieles nicht funktionieren,
darum sollte man es fördern und entsprechend honorieren.

Launenhaft

Heute ist wieder so ein besonderer Tag,
ein saumieses Gefühl in der Magengrube,
gebrauche viel zu häufig meine Hupe,
soviel Unvermögen ich heute nicht vertrag.

Die Trödelei geht mir auf den Geist,
dieses Schleichen durch die Straßen,
steht wohl jeder auf rote Ampelphasen,
mir der Geduldsfaden gleich endgültig reißt.

Meine miese Laune hat den Höhepunkt erreicht,
schlechter könnte der Tag kaum mehr sein,
der war schon gelaufen von vornherein,
mein Hirn ist im Moment wie völlig aufgeweicht.

Zu Haus dann immer noch ganz übel drauf,
wie war dein Tag, von ihr die übliche Frage,
ich will gerade anheben zur bitteren Klage,
ist gut ich versteh schon sagt sie und steht auf.

Mit meiner so tollen Laune sitz ich so nun allein,
den Tag habe ich mir nun gründlich selbst verdorben,
habe bei wirklich niemanden Sympathie erworben,
frage mich, wie können Launen nur solch eine Geißel sein?

Neues Leben

Es ist toll,
es ist neu.
Ich muss frühmorgens
nicht mehr raus.
Kann liegenbleiben,
solange ich will.
Den Tag,
vor sich zu haben,
ohne Verpflichtungen,
erfüllen zu müssen.
Reizvoll klingt das,
für ein paar Tage,
vielleicht sogar Wochen!
Aber soll dies mein Alltag
als Rentner
im wohlverdienten
Ruhestand sein?
Will ich das?
So in den
Tag hineinleben.
Vor mir so dahin Tümpeln,
ohne Herausforderung.
Nein sicher nicht!
Aber da ist auch
noch die Angst
und die Sorgen
um Morgen.
Reicht die Rente?
Worauf muss ich verzichten?
Was wenn,
ich krank oder gar
pflegbedürftig werde?

Nicht mehr mobil,
sein zu können?
Was dann,
viele gute Fragen,
die mich beschäftigen.
Und keine Antworten!
Die Rente reicht für
einen Heimplatz
nicht aus.
Meine Kinder,
soweit verstreut.
Sie können,
sich nicht um mich kümmern
und ich will das auch nicht.
Aber die Freude überwiegt,
endlich das tun zu können,
wozu ich in meinen
Arbeitsleben nie Zeit hatte.
Hineinleben in den Tag,
nicht mit mir!
Und so bin ich erfüllt,
mit großen Erwartungen,
auf die kommende Zeit.
Neue Idee entstehen,
die ich auch
umsetzen möchte.
Jetzt habe ich
noch die Kraft
und Möglichkeit.
Was danach kommt,
weiß ich nicht?

Die Möglichkeit
mich gegen alles
abzusichern,
habe ich nicht.
Also werde ich
jeden Tag genießen,
statt mich
immer wieder,
aufs Neue
durch meine Gedanken
verrückt machen
zu lassen!
Statt den Kopf
in den Sand zu stecken,
Gas geben
und jeden Tag
einfach nur genießen!

Eingeschlossen

Mauern umgeben mich,
sie schließen mich ein,
nehmen mir Luft und Licht,
machen mir streitig mein Sein.

Enge in meiner Brust,
Angst mich ummantelt,
drückt mich nieder,
alles hat sich gewandelt.

Aus dem nichts gekommen,
wie ausgelöscht mein Lebenslicht,
Finsternis mich einhüllt,
bin meines Unglücks treuester Wicht.

Warte auf das Erwachen,
dass die Finsternis zieht sich zurück,
die Mauern um mich zerbrechen,
kann zu mir finden Stück für Stück.

Mein Geist

Verdunkelt mein Geist,
mit wirren Gedanken,
schlingend mich umranken,
führen in die Irre mich dreist.

Nehmen mir meine Hoffnung,
rauben den Mut,
kochend meine Wut,
vor schierer Verzweiflung.

Gedanken nicht klug,
wache Nächte,
finstere Mächte,
brutaler Selbstbetrug.

Mein Irrsinn galoppiert,
selbstzerstörende Gewalt,
verloren jeden Halt,
ins Labyrinth geführt.

Mechanismen versagen,
jede Kontrolle geht verloren,
ausgeschaltet alle Sensoren,
nicht mehr zu ertragen.

Irgendwann aufgetaucht,
dem Wahnsinn entkommen,
dem Untergang entronnen,
alle Kraft aufgebraucht.

Schäme mich so sehr,
möchte unsichtbar sein,
fühle mich gemein,
ausgebrannt und leer.

Verlegt

Ich bin wieder mal furchtbar in Eile,
habe einen ganz wichtigen Termin,
doch ein Problem ich mit anderen teile,
wo verdammt ist mein Schlüssel hin.

Das mir nicht zum ersten Mal passiert,
kann es nicht verstehen,
Kopflos durch die Wohnung geirrt,
er ist nirgendwo zu sehen.

Habe Post vom Finanzamt bekommen,
will ihn sofort öffnen und lesen,
doch die Schrift ist total verschwommen,
eine Hilfe wäre meine Brille gewesen.

Doch die habe ich wieder mal verlegt,
wie schon so oft in der letzten Zeit,
es mich mittlerweile sehr bewegt,
meine zunehmende Vergesslichkeit.

Obwohl ich das auch von früher kenne,
ich schon immer etwas zerstreut, schusselig war,
doch in letzter Zeit immer mehr ich verpenne,
bin tatsächlich im Kopf nicht mehr ganz klar?

Demenz, Alzheimer sitzt mir im Nacken,
die Sorge darüber breitet sich in mir aus,
bekomme ich irgendwann nichts mehr gebacken,
dass mir vorzustellen ist mir ein Graus.

Man mich jedoch zur Ruhe mahnt,
das sei altersgerecht und normal,
doch es niemand im Geringsten ahnt,
wie Angst mir bereitet alltägliche Qual!

Benefit

Ich biete gerne anderen meine Hilfe an,
fühle mich wohl, wenn ich Gutes tun kann.
Völlig egal was es auch ist für eine Aktion,
bin ich dabei, erwarte dafür keinen Lohn.
Liebe wirklich jede Art von Herausforderung,
gehe daran, voller Enthusiasmus und Begeisterung.
Erst kürzlich sollte ich einen Gartenteich zusammenbauen,
kein Problem aber erst mal kurz in die Anleitung schauen.
Zusammen geschraubt waren schnell die ersten Teile,
um dann festzustellen, so ist das mit der Eile.
Habe etwas ganz Elementares nicht bedacht,
also zerlegen und es nochmal von Anfang an gemacht.
Aber so langsam nahm das Gebilde Formen an,
mit vollem Körpereinsatz war ich an der Sache dran.
Nach einiger Zeit war der Teich mit Wasser gefüllt,
doch mein Arbeitseifer war damit noch lange nicht gestillt.
Es gab da noch so vieles zu verbessern und zu korrigieren,
zeitweise machte ich die Arbeit auf allen vieren.
Aber dann passierte mir ein peinliches Missgeschick,
einmal nicht aufgepasst, für einen kurzen Augenblick.
Über den Teich ich mit gespreizten Beinen stand,
hielt mich fest an einem Gitter mit einer Hand.
Dennoch habe ich verloren das Gleichgewicht,
und mit dem auch noch leider meine Übersicht.
So tauchte ich meinen Allerwertesten in den Teich ein,
unglücklicherweise war ich in dem Moment auch noch allein.
Aber mit viel Mühe und allerletzter Kraft,
habe ich mich aus dem Schlamassel rausgeschafft.
Doch letztendlich hatten alle ihren Spaß,
der Teich war fertig und ich pitschnass!

Hoffnungen

Die Hoffnung, dass es besser wird,
dieser Lottoschein die Wendung bringt,
man seinen Partner doch nicht verliert,
die Krankheit nicht tiefer in einem dringt.

Hoffnung auf irgendetwas einen ständig begleiten,
sie sind einfach da und gehen auch nicht weg,
sind hilfreich den Weg auch weiter zu beschreiten,
erweisen sich als lebenswichtig, habe ihren Zweck.

Und ist es doch manchmal hoffnungslos,
Hoffnungen dennoch nie gänzlich schwinden,
wenn die Not und Sorge ist besonders groß,
kann es helfen, alles leichter zu überwinden.

So hoffe auch ich auf vieles bis zuletzt,
dass meine Erwartungen werden gestillt,
bin ich aber nicht allzu tiefst verletzt,
werden Hoffnungen in mir mal nicht erfüllt.

Wahnsinnstag

Das war heute ein Wahnsinnstag,
gespickt mit Verpflichtung und Aktionen,
so wie ich es eigentlich nicht vertrag,
man wollte mich nicht verschonen.

Doch heute hat dies mich nicht belastet,
ich hatte viel Spaß war voller Schwung und Elan,
bin wie irre durch die Gegend gehastet,
ließ Ärger und Frust so gar nicht an mich ran.

Die Stunden verliefen wie im Flug,
was ich in die Hand man, ist mir gelungen,
keine Herausforderung war mir genug,
war so frei und völlig ungezwungen.

Oft lässt man sich zu schnell runterziehen,
verstrickt sich in Nebensächlichkeiten,
man kann dem auch nicht entfliehen,
scheitert oft dann an Kleinigkeiten.

Darum sind diese Tage so wichtig,
an denen man sein Können und Wert erkennt,
dass was und wie man es macht ist richtig,
und nicht umsonst rackert und rennt.

Wild

Die Natur sich zurzeit von der wildesten Seite zeigt,
man steht da, staunt mit offenem Mund und schweigt.
Der stärkste Baum hält den Sturm kaum stand,
gebeutelt und durchgerüttelt wird das halbe Land.
Was nicht Niet und nagelfest ist wird zerlegt,
wer nicht aufpasst, wird sogar von der Straße gefegt.
Die Flüsse haben plötzlich Wellengang,
manch einem, wird da angst und bang.
Einige sind von dem Naturschauspiel fasziniert,
in ihren Augen dies viel zu selten passiert.
Doch viele verlieren ihr Hab und Gut, manche auch das Leben,
nur die Schuld dafür, muss die Menschheit selbst sich geben.
Der Mensch hat die Erde sich zu seinem Untertanen gemacht,
sie durch ihre Gedankenlosigkeit fast zum Kollaps gebracht.
Das Thema Klimawandel schon jahrelang in aller Munde,
Experten reden sich die Köpfe heiß in jeder Diskussionsrunde.
Die hohen Herren winden sich und blockieren,
sie lassen sich von der Wirtschaftslobby dominieren.
Um das zu stoppen gehen Schulkinder auf die Straße,
drehen den Politikern und Wirtschaftsbossen eine lange Nase.
Ist traurig, dass Kinder uns zum Umdenken bewegen müssen,
was wir nicht mehr haben, sind sie jetzt, unser Gewissen!

Die

Die große Liebe meines Lebens,
habe lange danach gesucht, vergebens.
Oftmals geglaubt, dass es das ist,
und dann doch irgendetwas vermisst.
Mit Hummeln im Bauch war alles noch gut,
Gefühle überrollten mich wie eine Flut.
Es war das Paradies auf Erden,
wie könnte es jemals anders werden.
Irgendwann ging es dann doch in die Brüche,
übrig blieben nur dumme verletzende Sprüche.
Wieder hatte sich hoffnungsvolles zerschlagen,
große Angst danach, etwas Neues zu wagen
Liebe, hat sich wiederholt als Irrtum gezeigt,
ich habe es wieder einmal ordentlich vergeigt.
So habe ich mich von Liebe zu Liebe gehangelt,
viel zu oft in trügerischen Gewässern geangelt.
Sehr, sehr spät hat das unerwartete eingeschlagen,
ist das die wahre Liebe, wagte nicht zu fragen.
Doch heute über zwei Jahrzehnte danach,
ist diese Liebe zu ihr immer noch hellwach.
Dies erleben zu dürfen stellt alles in den Schatten,
trotz vieler Widrigkeiten war es nicht aufzuhalten.
Diese Beziehung, Liebe, Tiefes Vertrauen, Respekt,
wird von mir Tag für Tag auf das neue entdeckt.
Immer wieder entdecke ich unbekannte Seiten,
die mir immense innere Freude bereiten.
Meine Liebe zu ihr kann man nicht in Worte fassen,
darum lasse ich es auch sein, muss passen!

Ignorant

Das sieht überhaupt nicht gut aus,
da musst du unbedingt was machen,
du nimmst das auf die leichte Schulter,
es ist wirklich nicht zum Lachen.

Dein Problem du nicht erkennen willst,
du lässt es einfach weiterlaufen,
meine Bedenken du missachtest,
willst alle nur für dumm verkaufen.

Egal was aus Sorge ich dir anrate,
du weißt es besser, lehnst alles ab,
belächelst alles was ich dir sage,
schaufelst dir dein eigenes Grab.

Könntest du nur einmal auf mich hören,
wissend das Angst und Sorge aus mir spricht,
und ich dich nicht aus Vergnügen gängle,
total verblendet ist stets deine Sicht.

Du dir selbst im Weg stehst,
mit deiner widerlichen Ignoranz,
wenn du es nicht bald änderst,
bin ich weg, gehe auf Distanz!

Ich habe kaum mehr Kraft,
die Sucht scheint stärker zu sein,
meine Liebe geht verloren,
kann nicht mehr wahren den Schein.

Unerklärlich

Ich sitze in meinem Stamm Café gemütlich,
bin außerordentlich vergnüglich.
Da kommt ein Bekannter zur Tür herein,
doch komisch, das kann doch nicht sein!
Kommt einfach so hereingeschneit,
schenkt mir keine Aufmerksamkeit.
Er fragt die Bedienung nach einem Gast,
anscheinend hat er ihn irgendwie verpasst.
Ohne Worte dreht er sich auf den Absatz um,
bin verwundert, nehme ihm das ein wenig krumm.
Er ist mir immer offen zugewandt begegnet,
unsere Gespräche waren zeitweise sehr bewegend.
Nicht einmal für ein Hallo nimmt er sich Zeit,
es gab aber auch zwischen uns keinen Streit.
Als wir uns ein paar Tage später trafen,
wollte ich ihn mit Missachtung strafen.
Habe mich dann doch anders entschieden,
die Konfrontation mit ihm nicht gemieden.
Er war in Eile, voll durch den Wind,
auf beiden Augen seltsamerweise blind.
Wir haben dann gemeinsam darüber gelacht,
und ich ironische Sprüche zum Besten gebracht.
Habe versprochen das es mir im Gedächtnis bleibt,
es mich gelegentlich zu kleinen Frotzeleien treibt.
Doch irgendwann war das Thema gegessen,
Spaß gehabt und dann auch wieder vergessen!

Eigenheiten

Wir Menschen haben so Eigenheiten,
die uns zu mancherlei Unsinn verleiten.
Geht es uns so richtig saumäßig gut,
neigen wir recht leicht zum Übermut.
Bruder Leichtfuß übernimmt unser Handeln,
so wir unser Sein leicht selbst verschandeln.
Sind der Meinung es geht immer so weiter,
bleiben oben auf der Schicksalsleiter.
Die Sonnenseite des Lebens haben wir erwischt,
nicht vorstellbar das unsere Glücksflamme erlischt.
Sollte uns da nur ein kleines Missgeschick passieren,
wir es unter Umständen gar nicht richtig realisieren.
Plötzlich von der Sonnenseite abgedriftet,
die Atmosphäre wirkt total vergiftet.
Es fällt uns schwer dies dann zu ertragen,
statt dazu einfach mal ja zu sagen.
Die Wechselfälle des Lebens zu akzeptieren,
eine Aufgabe vor der wir uns zieren.
Denn plötzlich ist alles um uns schlecht,
finden alles so unheimlich, so ungerecht.
Aber nur so lernen wir die Dinge zu schätzen,
in dem wir uns immer wieder selbst verletzen.
So skurril diese Eigenheit auch erscheinen mag,
sie macht uns aus, beschäftigt uns, Tag für Tag!

Sonne, liebe Sonne

Sonne liebe Sonne alles schreit nach dir in mir,
Sonne wo bleibst du denn nur so lang,
dieses triste grau macht mich bang,
viel zu lange du verschlossen hältst deine Tür.

Kälte hat sich in mir breitgemacht,
hat vertrieben die Wärme und das Licht,
Übellaunigkeit bekommt Übergewicht,
viel zu viel Zeit in Dunkelheit verbracht.

Sonnenstrahlen erhellen mein Gemüt,
sie bringen in mir Freude und Lust,
lachendes Herz verdrängt den Frust,
auf dich zu hoffen macht mich müd.

Aber liebe Sonne, solltest du mal wieder scheinen,
bitte nicht so wieder wie zuletzt übertreiben,
dass schwitzend die Kleider am Leibe kleben bleiben,
und die Regenwürmer in der Erde liegend greinen.

Besserwisser

Habe mich total verzockt,
auf das falsche Pferd gesetzt,
mich selbst in die Falle gelockt,
bin über mich ziemlich entsetzt.

Habe einen auf Besserwisser gemacht,
auf mich warnende Stimmen nicht gehört,
abgewunken und darüber gelacht,
diese Einmischung hat mich empört.

Habe nie vermutet, dass ich mich so irren kann,
voll auf meine Intuition und Erfahrungen vertraut,
wie gehe ich jetzt an diese Sache dran,
diese Niederlage gehört erstmal verdaut.

Habe mich so selbst ins Fleisch geschnitten,
die Blamage sitzt unheimlich tief,
hätte mich beinahe mit allen zerstritten,
sie stehen da und grinsen schief.

Habe mich mit meiner Besserwisserei übernommen,
wie ein begossener Pudel stehe ich nun da,
habe die Quittung dafür nun bekommen,
ob ich es ändern kann ist weiterhin nicht klar!

Peinlich

Was heutzutage im Fernsehen angeboten wird,
mich dies fassungslos macht und irritiert.
Grenzen werden gedankenlos überschritten,
ohne Zurückhaltung wird hemmungslos gestritten.
Auf Verbreitung von Peinlichkeiten wird Wert gelegt,
privates wird ausgebreitet, zerpflückt und zerlegt.
Auch mit nackter Haut wird immer weniger gegeizt,
frage mich bei dieser Fülle, wem das noch reizt.
Wochenlang spazieren sie nackt durch die Fernsehwelt,
was tut man nicht alles damit man seinen Promistatus hält.
Die Niveaulosigkeit und Dummheit werden hofiert,
ein Wunder das dies augenscheinlich so viele interessiert.
Junge Frauen, Mädchen werden aufeinandergehetzt,
da wird offen beleidigt, gemobbt und verletzt.
Möchtegern Promis werden in den Dschungel geschickt,
wühlen im Schlamm, essen Maden, spielen verrückt.
Sollte dies das Spiegelbild unserer Gesellschaft sein,
na dann Mahlzeit, mehr fällt mir dazu nicht mehr ein.

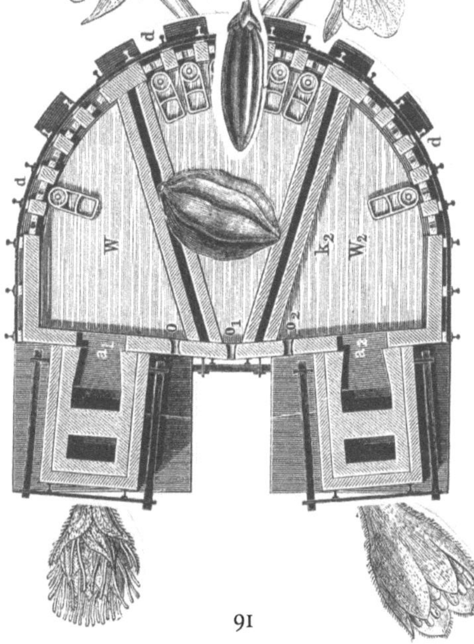

Das Kind!

Ich habe mich so darauf gefreut,
und das schon seit vielen Tagen,
wieder passiert mir das erneut,
in mir ist großes Unbehagen.

Doch immer etwas dazwischenkommt,
was meine Pläne zunichtemacht,
ich will es nicht und doch kommt es prompt,
wieder mal mein Kartenhaus zusammengekracht.

Ob es eine Verabredung ist,
oder etwas was ich schon lang begehr,
stelle mich ein auf eine Wartefrist,
und dann steh ich da, mit Händen leer.

Plötzlich hatte sie keine Zeit,
oder das Begehrte ist vergriffen,
von Mal zu Mal verstärkt sich mein Leid,
wie kann ich das nur umschiffen?

Sollte vielleicht realistischer sein,
meine Vorfreude etwas mehr zügeln,
ziehet mich nicht mehr so tief hinein,
die Scharten ließen sich leichter ausbügeln.

Doch bin ich wie ich bin,
Euphorie mich viel zu schnell übermannt,
es ist nicht in meinem Sinn,
bin bisher vergebens dagegen angerannt.

So werde ich mich weiterhin selbst quälen,
bis ich es irgendwann verstehen kann,
will es auch nicht weiter verhehlen,
es dauert, bis aus dem Kinde wird ein Mann!

Das Beste

Er wollte nur das Beste für sie,
nur daran hat er gedacht,
hat geplant mit großer Energie,
sie hat alles erst einmal mitgemacht.
Ihre Freunde passten ihm nicht,
seine Eifersucht hat Sie dauerhaft gequält,
seine Dominanz hatte Übergewicht,
hatte jeden ihrer Schritte gezählt.
Sperrte sie in den goldenen Käfig ein,
bestimmte, was sie denkt, wohin sie geht,
sträubte sie sich, wurde er gleich gemein,
er verlangte das sie immer zu ihm steht.
Nie hat er gefragt, was das Beste für sie sei,
er hatte nur für sich sein Bestes im Sinn,
sein Ego war ihm wichtig, sie einerlei,
viel war in der Beziehung nicht mehr drin.
Sie war gezwungen die Notbremse zu treten,
ungeachtet ihrer Gefühle zu ihm,
niedergeschlagen war er, sehr betreten,
da half kein Flehen, vor ihr auf den Knien.
Vielleicht hat er es begriffen,
dass Partnerschaft so nicht funktioniert,
die Chance für sich ergriffen,
ansonsten er nie glücklich werden wird!

Lichtlos

Meine Tage plätschern so dahin,
nichts Aufregendes geschieht,
ich hänge in einer Dauerschleife drin,
weiß am Morgen, wie der Abend aussieht.

Jeden Tag das Ritual,
es läuft ab, wie am Faden gezogen,
es ist irgendwie fatal,
dass es mir gut geht, wäre gelogen.

Im Moment nichts Besonderes in meinem Leben,
mir fehlen die Visionen,
möchte mich nochmal in neue Welten erheben,
würde sich vielleicht lohnen.

Warum aber immer diese Gedanken,
wo doch anscheinend alles okay ist,
immer wieder Verrücktheiten in mir ranken,
so wird, so oft von mir alles vermiest.

Ich will immer mehr, es reicht nie aus,
bin unzufrieden und dann doch wieder nicht,
ziehe mir selbst den Stecker raus,
oft so dunkel, es fehlt mir so sehr mein Licht!

Speed

Highspeed in allen Bereichen,
wieso will man immer mehr erreichen?
Alles muss noch besser und schneller werden,
ungeachtet von so einigen Beschwerden.
Monsterkarossen und immer noch mehr PS,
verursachen noch mehr Probleme und Stress.
Mit über zweihundert brettern über die Autobahn,
äußerst rücksichtslos, gnadenlos, wie im Wahn.
Sechstausend Kilometer, in weniger als acht Stunden,
ist das wirklich notwendig, so frage ich unumwunden.
Zum Kennenlernen wird sich keine Zeit mehr genommen,
seit das Speeddating immer mehr in Mode ist gekommen.
Warum müssen wir immer mehr und mehr übertreiben,
schaffen es nicht mehr auf dem Boden zu bleiben.
Unser Klima spielt mittlerweile total verrückt,
mit Unvernunft und Größenwahn ist dies geglückt.
Auch im Arbeitsleben bleibt Speed nicht außen vor,
schießen uns selbst ein gnadenloses Eigentor.
Menschen werden durch den Druck häufiger krank,
es kommt zum Kollaps, Nerven liegen völlig blank.
Wir selbst in der Freizeit nicht davor zurückschrecken,
geben fast alles um neue Nervenkitzel zu entdecken.
Immer noch mehr Speed macht uns krank, verstellt den Blick,
müssen innehalten und etwas mehr zur Langsamkeit zurück.

Alteisen

Gehöre mittlerweile zum alten Eisen.
brauch niemanden mehr etwas zu beweisen.
Werde so gut wie nicht mehr gebraucht,
bin verschwunden, abgetaucht.
Für ehemalige gute Kollegen nicht mehr existent,
das Feuer in mir noch immer lodert und brennt.
Einige der früheren Kontakte vermisse ich,
dieser Verlust macht ein wenig traurig mich.
Doch es hat sich auch viel Neues ergeben,
das durchaus sinnvoll bereichert mein Leben.
Den Tag nach meinem Geschmack zu gestalten,
wann immer ich will, lasse Ruhe in mir walten.
Kann durchaus meinen Ruhestand genießen,
aber warum lasse ich es immer mir verdrießen?
Komme mit plötzlichen Veränderungen nicht zurecht,
falle in ein tiefes Loch, rede mir vieles schlecht.
Es fällt mir nicht leicht, zum alten Eisen zu zählen,
ich höre nicht auf, mich selbst zeitweise zu quälen.
Sollte es sein lassen, mir das Leben zu erschweren,
gegen das unvermeidliche mich immer zu wehren.
Statt rum zu jammern und mich zu beklagen,
sollte zu meinem neuen Leben, von Herzen ja sagen!

Augen auf!

Laufen durch die Gegend blind,
nehmen um sich nichts wahr,
sie unter vielen einsam sind,
doch es ist ihnen nicht wirklich klar.

Es gäbe doch so vieles zu sehen,
das Geschehen um sich genießen,
bewusst durch die Welt zu gehen.
Statt davor sich zu verschließen.

Auch wenn einem vieles nicht gefällt,
ist es extrem wichtig, nicht weg zu sehen,
sich einer Situation auch mal stellt,
statt einfach achtlos weiter zu gehen.

Nur auf sich selbst zu fokussieren,
wird langfristig zu einem Problem,
sich aus freien Stücken zu isolieren,
behindert man sich selbst extrem.

Doch muss ich mir auch eingestehen,
dass ich desweilen verschließe den Blick,
es verpasse bisweilen genauer hinzusehen,
darum Augen auf und zur Achtsamkeit zurück!

Die Sonne scheint

Zum Fenster scheint die Morgensonne herein,
noch trunken vom Schlaf, öffne die Augen ich,
schöner kann ein Tagesbeginn kaum sein,
genüsslich recke, strecke und dehne ich mich.

Da knackst es plötzlich in meinen Gelenken,
so dass mir gleich der Atem stockt,
was ist denn jetzt nur los, so mein Denken,
meine Beweglichkeit ist wie geblockt.

Versuche unter Schmerzen aufzustehen,
was mir aber so gar nicht gelingt,
das wird heute nichts mehr mit gehen,
begann mein Tag doch so beschwingt.

Bleibe liegen, hoffend, dass der Schmerz vergeht,
so liege ich darnieder, lädiert und ganz allein,
die Sonne nun schon hoch am Himmel steht,
und sie scheint immer noch zum Fenster herein.

Utopie

Geborsten sind die Mauern,
über Grenzen miteinander vereint,
mich überkommt ein Schaudern,
wenn jemand dies zu ändern vermeint.

Nach Jahrzehnten ist es gelungen,
Grenzen zu öffnen, Mauern einzureißen,
haben zur Freiheit uns aufgeschwungen,
unbehindert hin und her zu reisen.

Grenzenlos hat natürlich seinen Preis,
Kriminelle dies zu ihrem Vorteil verwenden,
doch ist das noch lange kein Beweis,
alles zurück zu schrauben und zu beenden.

Frei sein in allen Lebenslagen überwiegt,
für alle Menschen in dieser Welt,
ich hoffe das dieser Traum nie verfliegt,
wissentliches in den Raum gestellt.

Ich kann nicht verstehen,
was manche sich erdreisten,
darauf vehement zu bestehen,
wir können uns Fremde nicht leisten.

Also Mauern hochziehen,
und Grenzen wieder dicht,
die sollen wo anders hin fliehen,
bei uns geht das sicher nicht.

Reichsbürger und fanatische Gruppen,
schüren Hass und Fremdenfeindlichkeit,
sich als Feinde der Demokratie entpuppen,
nutzen dafür jede ihnen bietende Gelegenheit.

Wenn ich es auch nicht ändern kann,
schreie ich meinen Protest heraus,
sind wir wirklich im Geiste so arm dran,
sperren uns ein und schließen uns selbst aus,

Nichts Neues, so etwas gab es schon immer,
in der schwierigen Zeit, sie wachsen stetig
habe definitiv keine Idee, keinen Schimmer,
ich hoffe Demokratie, Menschlichkeit ist für ewig!

Mundraub

Es gab bei uns Nudelsalat,
für mich ganz allein,
ich schreite gleich zur Tat,
und haue kräftig rein.

Gerne würde ich alles verschlingen,
bekomme nicht genug davon,
ich bin mit mir am Ringen,
leicht übel mir wird schon.

Morgen kann ich den dann Rest essen,
da er immer noch gut schmeckt,
besser als ihn jetzt noch reinzupressen,
also ganz schnell im Kühlschrank versteckt.

Der ist nur für mich bestimmt,
da darf niemand sich bedienen,
wehe, wenn den mir jemand nimmt,
wenn doch, wird er es mir sühnen.

Gleich am nächsten Tag,
komme ich hungrig nach Hause,
steuere sofort den Kühlschrank an,
freue mich so sehr auf die Jause.

Aber meine Frau, sieht sehr böse mich an,
der Salat war nicht für dich gemacht,
habe verschwitzt, mich nicht erinnert daran,
er war für eine Party, am heutigen Abend gedacht!

Alle Wetter

Wir wettern gerne übers Wetter,
einen ist es zu nass,
dem anderen zu trocken.
Dem nächsten wieder zu heiß,
einen anderen viel zu kalt.
Ist der Himmel von Wolken bedeckt,
sorgenvoll die Stirn sich kräuselt.
Im Winter wenn es mal schneit,
geht gleich das Gejammer los.
Wenn keine Flocke fällt,
finden manch andere es blöd.
Weiße Weihnachten wird
allseits gewünscht
aber nur am Heiligen Abend!
Das würde aber dann auch reichen.
Unser Wetter ist auch verantwortlich,
für unser gesundheitliches Befinden.
Vermutlich stimmt das auch,
besonders wenn man wetterfühlig ist.
So ist das Wetter ein ewiges Thema,
dass fast bei jedem Gespräch
zu Diskussionen führt.
Die Wettervorhersagen nahm man
früher nicht so wörtlich,
dazu waren sie nicht zuverlässig genug.
Doch heute planen viele ihren Urlaub
nach den Wetterprognosen.
Sind dann stinksauer auf die Meteorologen
weil die den Mist verzapft haben.
Vergessen dabei ganz gerne,
dass die nicht das Wetter machen.

Was waren das noch für Zeiten,
als die Menschen den Wetterfrosch
noch vertraut haben oder den Figürchen
die sich je nach Wetterlage
bunt schillernd verfärbt haben.
Und dann noch die Bauernregeln!
Wie zum Beispiel:
„Kräht der Hahn auf dem Mist,
ändert sich das Wetter
oder bleibt, wie es ist."
Das dürfte wohl einer der
bekanntesten und unsinnigsten
Sprüche sein.
In letzter Zeit machen uns auch
verrückte Wetterkapriolen zu schaffen.
Darüber regen wir uns natürlich auf.
Aber es ist zwecklos, denn das Wetter
können wir nicht steuern.
Gott sei Dank!
Obwohl! Vielleicht doch, indirekt.
„Stichwort – Klimawandel"
Von uns Erdenbewohnern beschleunigt.
Da wäre wirklich ein Umdenken
in allen Gesellschaftsschichten
dringend erforderlich.
Ansonsten befürchte ich,
dass unsere Erde zugrunde geht
und wir mit.
Ich persönlich habe kein Problem
mit dem Wetter,
abgesehen von der Klimaveränderung.
Darum jammere ich auch nicht rum.

Ich mag es nur nicht,
wenn es dauerhaft regnet,
ewig lang kalt und trüb ist
und die Stimmung in den Keller sinkt.
Wenn die Sonne jeden Tag scheint:
„Ist mir das Wetter schietegal"!!!

Nicht von hier!

Sie sind nicht von hier,
das hört man gleich,
sie nehmen mich ins Visier,
wollen alles wissen umfangreich.

Warum und wieso,
war es die Liebe,
oder einfach nur so,
was mich weg triebe.

Man erkennt es an meinem Dialekt,
daraus die Neugierde entspringt,
ihr Interesse ist geweckt,
weil meine Sprache anders klingt.

Wäre doch schön, wenn es immer so wäre,
diese Offenheit und Toleranz,
ob aus Bayern oder sonst irgendwoher,
ohne Vorbehalte und Diskrepanz!

Etwas faul

Irgendetwas stimmt hier nicht,
habe alle Antennen ausgefahren,
ich gehe mit mir ins Gericht,
kann mir das nicht ersparen.

Habe ich einen Fehler gemacht,
stimmen meinen Leistungen nicht mehr?
In mir schwelt da so ein Verdacht,
mache mir das Leben schwer.

Ich kann es nicht greifen,
vielleicht bilde ich es mir nur ein,
Gedanken in ein Szenario schweifen,
es muss etwas geschehen sein.

Seltsam geworden ist deren Verhalten,
die einstige Harmonie empfindlich gestört,
fast nichts mehr ist beim Alten,
fühle mich als hätte ich nie dazu gehört.

Ich müsste ja nur fragen,
doch das traue ich mich nicht,
würde ich es wagen,
was wenn verblendet meine Sicht.

Dieser Wandel mich irritiert,
hat es sich tatsächlich so abgespielt?
Bin durch und durch verwirrt,
ist es wahr oder nur gefühlt?

Irre Zeiten

Es sind irre Zeiten,
die an mir vorüber gleiten.
Ich komme da nicht mehr mit,
stolpere, halte nicht mehr Schritt.
Alles ist außer Rand und Band,
selten ich so neben mir stand.
Meine Werte im Nichts verflogen,
vieles wirkt auf mich so überzogen.
Diese Selbstdarstellung in sozialen Netzen,
Hasskommentare die mich zutiefst entsetzen.
In der Anonymität scheint wohl alles erlaubt,
bin seit einiger Zeit jeder Illusion beraubt.
Die Technisierung hat uns völlig überrannt,
bestimmt unser Leben, hat uns in der Hand.
Oberflächlichkeit in unserem Heute dominiert,
es ist vielen egal was mit dem anderen passiert.
Ich wünschte mir wieder für mich mehr Zeit,
nicht beherrscht von unermüdlicher Betriebsamkeit.
Sie führt uns mehr und mehr unweigerlich in die Isolation,
der beste Freund ist bei manchen nur noch das Phone.
Aber nun muss mich jetzt wirklich beeilen,
um auf Facebook meinen Alltag zu teilen!

Drückeberger

Müde sinkt mein Haupt hernieder,
bleiern schwer sind meine Glieder.
Entzogen ist mir die ganze Kraft,
bin daneben, völlig abgeschlafft.
Möchte nichts mehr hören und sehen,
will keinen unnötigen Schritt mehr gehen.
War nicht im Wald beim Dauerlaufen,
und die letzte Nacht auch nicht saufen.
Habe den ganzen Tag mit nichts tun verbracht,
und auch sonst nichts Anstrengendes gemacht.
Mir ist das unerklärlich, absolut rätselhaft,
was nur hat mich so dahingerafft?
Meine Frau äußert einen schlimmen Verdacht,
beinahe hätte ich mich mit ihr verkracht.
Ihr des Rätsels Lösung klar erscheint,
vehement habe ich dies verneint.
So eine Krankheit ist doch nicht vorauszusehen,
mit so etwas darf man nicht leichtfertig umgehen.
Es war alles umsonst, sie hat mich durchschaut,
so habe ich den Schrank dann doch noch aufgebaut.

Terror

Immer wieder die Kraft meiner Gedanken,
bringen mein Gleichgewicht ins Wanken.
Sie irritieren und beherrschen mich,
verzerren mein Bild, mein wahres ich.
Seltsame, kuriose Fantasien entstehen,
hintern mich daran noch klar zu sehen.
Misstrauen, Zweifel bestimmen mein Handeln,
meine Stimmung kann sich schlagartig wandeln.
In allen Ecken zu viele Gefahren lauern,
mein Verhalten überzieht mich mit schaudern.
Kämpfe ich dagegen an mich aller Kraft,
mir dies so gut wie keinen Vorteil verschafft.
Es geschieht oft genau das Gegenteil,
zulange ich in diesen Zustand schon verweil.
Zu selten sie zum Stillstand kommen,
nicht oft genug sind meine Taten besonnen.
Den Gedanken endlich keinen Raum mehr zu geben,
beschäftigt mich schon fast mein ganzes Leben.
Sie loszulassen diese störenden Gedanken,
weist mich permanent in meine Schranken.

Gereime

Ich reime mir was zusammen,
verdrehe die Wahrheit,
erfinde irrwitzige Dramen,
schlüpfe in jede mir passende Zeit.

Manchmal ich bei der Wahrheit bleibe,
mich nicht in meiner Phantasie verliere,
es ist nicht immer leicht beileibe,
des Öfteren ich mich total verirre.

Hänge schon mal was Skurriles dran,
damit die Pointe wirklich auch zündet,
schreibe vor mich dahin, ohne Plan,
das Gedicht oft kein Ende findet.

Doch wichtig kritisches kund zu geben,
bewusst anzuecken, zu polarisieren,
es gedanklich zu durchleben,
und es stilvoll zu präsentieren.

So reime und dichte ich,
mal die Wahrheit, mal Fiktion,
meine Zweifel irritieren mich,
treffe nicht immer den richtigen Ton.

Doch erfüllt es mich mit großer Freude,
wenn gelungen mir ist ein Werk,
meine Gedanken eine treibende Meute,
mal bin ich Riese, mal ein Zwerg!

Du

Ich finde es toll,
dass es dich gibt,
mein Herz von Liebe voll,
auf ewig wirst von mir geliebt.

Bleib so wie du bist,
mit all deinen Ecken und Kanten,
in dir kein Fünkchen List,
hast mit Unrecht keine Verwandten.

Dein großes Herz,
dein immer offenes Ohr,
teilst Freude, wie auch Schmerz,
verlierst nur selten den Humor.

Mich als deinen Freund zu nennen,
ist ein sehr großes Geschenk,
an jeden Tag auch dies zu erkennen,
was ich für dich empfind und denk.

Geht das?

Lebe deinen Traum,
doch wie soll das gehen?
Wie soll ich das verstehen,
so etwas geht wohl kaum?

Ist der Traum noch Realität,
mag das ja noch möglich sein,
ansonsten fällt mir nur eines ein,
für mich wirkt das ziemlich verdreht.

Mein Traum ist Popsänger zu werden,
ich kann aber gar nicht singen,
es würde sicher schrecklich klingen,
würde es mir nur mit allen verderben.

Den Traum mal viel zu gewinnen,
kann man haben aber nicht leben,
nach utopischen zu streben,
diese Träume in nichts verrinnen.

Es ist mit Sicherheit kein Traum,
wenn ich ein wahres Ziel vor Augen habe,
und nicht Hirngespinsten hinterher trabe,
nur diesen Weg kann ich vertraun.

Träume zu haben, ich durchaus schön finde,
doch sein Leben danach zu richten,
sage ich besser dazu nein, mitnichten,
bevor ich im Traumland für immer verschwinde.

Flohzirkus

Wir haben einen süßen kleinen Hund,
zwar alt, kaum mehr Zähne, trotzdem gesund.
Er hat ein wuscheliges schönes weißes Fell,
trotz seines Alters, sieht er gut aus, so generell.
Erhobenen Hauptes er durch die Landschaft stolziert,
für die Damenwelt er sich noch brennend interessiert.
Vor kurzem er liegt auf seinen Kissen, ganz gechillt,
urplötzlich springt er auf, hüpft rum wie wild.
Vollführt einen tollkühnen irren Tanz,
versucht zu erwischen seinen Schwanz.
Er oft sehr ungebetene Gäste hat,
und die fressen sich an ihm satt.
Es hilft kaum ein Mittel, ein permanentes bürsten,
nach jedem Spaziergang, sie sich nach ihm dürsten.
Mit dem Flohzirkus kämpft sein Frauchen täglich,
scheitert aber oft genug mehr als kläglich.
Manchmal ist das Jagdglück ihr gnädig,
doch dauert die Freude an nicht ewig.
Ich jedoch würde sie alle lebend einfangen,
und würde dann als Dompteur großen Ruhm erlangen!

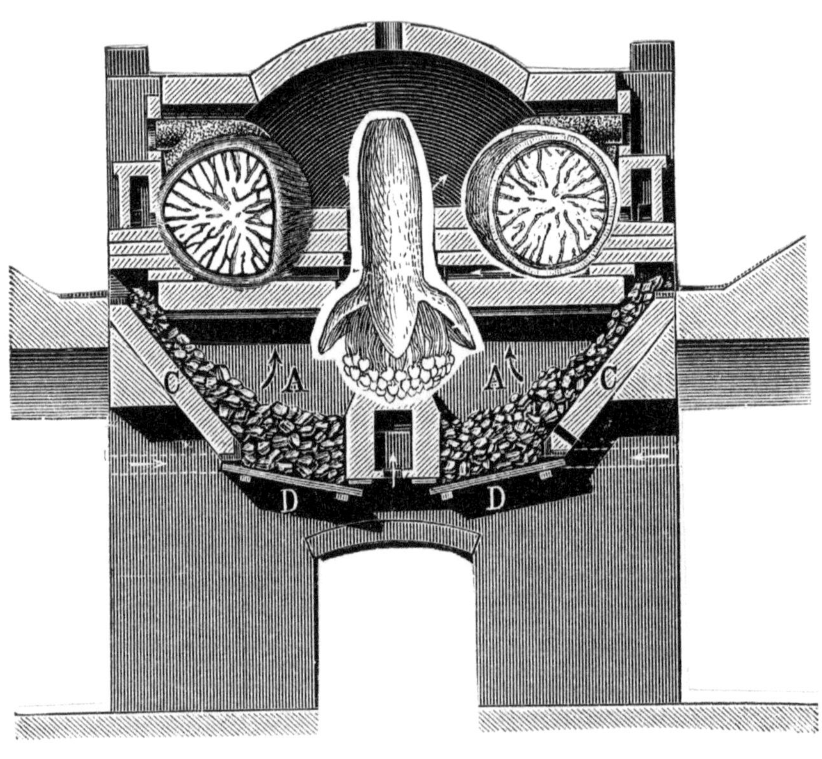

C
A
A
C
D
D

Mahlzeit

Ich nehme eine Mahlzeit zu mir,
darüber ich gern einen Gedanken verlier,
Das mit dem Mahl ist soweit klar,
dass ich aber Zeit essen kann ist sonderbar.
Oder dass man Zeit wie in einer Mühle mahlen kann,
das ist großer Unsinn, da ist sicher nichts dran.
Beim Wandern habe ich eine Mahlzeit dabei,
dass ich Zeit auch tragen ist mir neu.
Ich kaufe mir für den Abend eine Mahlzeit ein,
doch ohne Zeit wäre das Mahl genau so fein.
In der Mittagszeit der Gang vieler zur Speise,
von allen Seiten tönt, Mahlzeit, mal laut, mal leise.
Einige sich an diesen Gruß immer wieder sehr oft stören,
es ist nun mal Zeit für das Mahl, sinnlos sich zu empören.
Ich nehme das Mahl zu mir, die Zeit bleibt außen vor,
war mir wichtig, dass ich mal ein Wort darüber verlor.

Technikstress

Habe mich über mein Modernes Smartphone sehr gefreut,
den Kauf habe ich bis jetzt in keiner Weise irgendwie bereut.
Unheimlich viele Funktionen hat dieses Teil, echt irre,
bei dem Handbuch ich nur machtlos vor mich dahin stiere
Es ist für mich ein Buch mit sieben Siegeln,
dieses gilt für mich, egal wie, zu entriegeln.
So vieles davon kann ich gar nicht verstehen,
da muss ich wohl zu einem Fachmann gehen.
Aber das Telefonieren schon mal wunderbar funktioniert,
ansonsten mich dieses Ding oft an der Nase herum führt.
Diese ganzen Apps, für was und wo, mich irritieren,
mich durch die Bank mehr als nur verwirren.
Will löschen, was mir zu nichts Nutze erscheint,
ein Fehler, habe mich selbst damit geleimt.
Dieses Ding war urplötzlich stumm,
da stand ich da ziemlich dumm.
Mit viel Hilfe es dann wieder wurde aktiviert
große Hoffnung, dass es nicht wieder passiert.
Bis ich eine Mail schreiben konnte, das hat gedauert,
in diesen Teil so manche Gefahr für mich lauert.
Eigentlich verstehe ich nicht wirklich was ich da mache,
wenn mir etwas glückt, ist das schon eher des Zufalls Sache.
Seit einiger Zeit nun ich mein Leben damit teile,
bis wir eins sind, braucht es noch ganze eine Weile.
Da gibt es auch noch eine Frauenstimme die mit mir spricht,
mit der weigere ich mich zu reden, die kenne ich nicht.
Was aber toll ist, ist der Mitmenschen ihr Neid,
mein Phone ist das beste, weit und breit.
Angeberei ist nicht mein bester Charakterzug,
diese zu befriedigen, dafür ist es für mich gut genug!

Vor dem Kopf

Das macht man nicht,
was fällt dir ein,
bist wohl nicht ganz dicht,
du lässt es besser sein.

Du mit deinen Ideen,
bringst dich nur in Teufelsküche,
verrückter kann es nicht gehen,
da helfen auch keine deiner Sprüche.

Forderst dein Schicksal heraus,
immer wieder du Grenzen überschreitest,
testet immerzu was Irres aus,
dir selbst und anderen Ungemach bereitest.

So ist es auch heute noch zum Teil,
wenn auch in gemäßigter Form,
und selten zu meinem Heil,
stelle mich gegen manche Norm.

Will mich aus der Masse abheben,
es ist mal Fluch, mal Segen,
behindert und bereichert mein Leben,
selten dafür und viel zu oft dagegen.

Hätte

Es kommt mir gerade gelegen,
habe auch gar nichts dagegen.
Eigentlich hatte ich zu gar nichts Lust,
überwiegte in mir der alltägliche Frust.
Hätte ich deinen Anruf nicht entgegengenommen,
wäre sicher alles ganz anders gekommen.
Mit gemischten Gefühlen habe ich zugestimmt,
nur ein kleiner Funke der Hoffnung in mir klimmt.
Dann haben wir uns auf den Weg gemacht,
viel geredet und ab und zu auch mal gelacht.
An einer Bank nahmst du meine Hand,
warst mir plötzlich nah, zärtlich zugewandt.
Hab mir gewünscht, dass es was wird mit uns zwei,
doch nie wirklich daran geglaubt, dass es jemals so sei.
So hat damals an dieser Bank unsere Liebe begonnen,
vieles hat sich verändert, doch sie ist nicht zerronnen.

Es plätschert

Der Tag plätschert so vor sich dahin,
irgendwie trostlos, so ganz ohne Sinn.
Das Fernsehprogramm mich nicht inspiriert,
hänge nur rum, völlig daneben, desorientiert.
Krame halbherzig in meiner Plattensammlung rum,
in Erinnerung eine Melodie leise ich summ.
Sentimentalität macht sich in mir breit,
Lieder von damals, führen in die Vergangenheit.
Oldies but Goldies, das war es mal für mich,
seit damals hat so vieles verändert sich.
Fast nichts mehr davon ist noch existent,
nur die Erinnerung schmerzlich in mir brennt.
Das Gefühl, durch Fehler zu viel versäumt,
zu oft die falschen Träume geträumt.
Dann aber habe ich eine Platte von damals aufgelegt,
die Lautstärke voll aufgedreht, mich dazu bewegt.
Habe getanzt, mich der Musik hingegeben,
war bei mir selbst, habe gespürt das Leben.
Die guten Erinnerungen haben mich übermannt,
das triste, negative, ins nirgendwo verbannt.
Der Raum war gefüllt mit Blues und Rock'n'roll,
herrlich, sagenhaft, einfach nur wundervoll.

Sie ist normal

Sie mag es nicht,
berührt zu werden,
macht sofort dicht,
deutlich ihre Gebärden.

Sie verschließt ihre Ohren,
oder hält ihre Augen zu,
Stimmen in ihren Kopf bohren
findet zu selten ihre Ruh.

Eine Gefangene sie ist,
nur in ihrer Welt sie leben kann,
braucht ein sicheres Gerüst,
man kommt nicht leicht an sie dran.

Es ist schwer sie zu verstehen,
was in ihr vorgeht, sie bewegt,
mit ihr gemeinsam den Weg gehen,
mal nah, mal distanziert, wohl überlegt.

Sie ist auf ihre Art normal,
auch wenn mancher es nicht blickt,
sie sehen sie nur als Leid und Qual,
wissen nicht, was sie kränkt oder beglückt.

Schadenfreude

Im Nachhinein ist man meist schlauer,
hat es vorher so nicht gesehen,
ist dann selbst auf sich sauer,
dass es anders als gedacht ist geschehen.

Man sich selbst bittere Vorwürfe macht,
miese Gefühle machen sich breit,
unruhig wälzt man sich durch die Nacht,
möchte zurückdrehen die Zeit.

Es gibt dann welche, die sagen,
ich habe dies ja gleich gewusst,
die auch nicht hinterfragen,
du bist der Dumme, hast gelust.

Schadenfreude in deren Gesicht,
dazu noch ein hämisch Grinsen,
so verliert man sein Gleichgewicht,
gefühlt geht alles in die Binsen.

Sich an dem Missgeschick anderer zu weiden,
sogar Kraft für sich daraus zu holen,
ist in uns allen drin und kaum zu meiden,
oft entsteht es ohne es zu wollen.

Diese niederen Instinkte in uns wohnen,
geben uns so etwas wie ein Gefühl der Erhabenheit,
wir uns dafür unbewusst belohnen,
verschleiern Schwäche, durch der anderen ihr Leid.

Vorsicht

Es geht mir wirklich sehr gut,
schöpfe wieder Kraft und neuen Mut.
Auch wenn es schon mal klemmt,
so leicht mich nichts mehr hemmt.
Stets nach vorne gerichtet der Blick,
keinesfalls jemals wieder zurück.
Vorbei das unermüdliche Streben,
als gäbe es nichts Wichtigeres im Leben.
Endliche das wesentliche entdeckt,
viel zu lange es nicht gecheckt.
Oft unnötig, zulange im Trüben gefischt,
mit klarem Blick mein Leben aufgefrischt.
Sollte es mich dann doch mal runterziehen,
bedeutet es keine allzu großen Mühen.
Für mich auf den Boden zu bleiben,
und nicht gleich ins Leidenstal zu treiben.
Zuversicht, Gelassenheit, eine neue Kraft,
die viel Positives in mir schafft.

Noch einmal!

Gib mir bitte noch eine Chance,
bin total völlig aus der Balance.
Bestimmt wird mir das nicht mehr passieren,
werde nicht mehr die Beherrschung verlieren.
Dieses Mal klappt es sicher ganz bestimmt,
ich weiß jetzt was mir die Ruhe nimmt.
So viele Male habe ich es dir versprochen,
trotz aller Bestrebungen es dann doch gebrochen.
Kannst meinen Worten keinen Glauben mehr schenken,
ich verstehe es und kann es dir nicht verdenken.
Dieses Verhalten steckt so tief in mir drin,
ich eigentlich in Wahrheit so nicht bin.
Deine Entscheidung werde ich akzeptieren,
auf keinen Fall will ich dich verlieren.
Du brauchst jetzt für dich deine Zeit,
und zugegeben, ich bin auch noch nicht soweit.
Habe immens sehr viel Arbeit vor mir,
unwissend, bin ich auch wirklich bereit dafür?
Werde absolut mein Bestes geben,
um diesen Makel in mir zu beheben.
Es um mein Leben geht,
dies im Vordergrund steht.
Weiß nicht, ob ich es schaffen kann,
eines ist sicher, ich fange jetzt damit an.
Klar bewusst bin ich meiner Schuld,
gib mich nicht auf hab noch etwas Geduld!

Stimmungsvoll

Bin wieder mal reif für die Insel,
schon viel zu lange habe ich es entbehrt,
muss unbedingt bald möglichst wieder hin,
denn da fühle ich mich frei und unbeschwert.

Das leise Rauschen der Brandung,
unter meinen Füßen der weiche Sand,
Seevögel fliegen kreischend umher,
unendlich erscheint mir der weite Strand.

Sauge ein den Geruch der See,
tauche ein lasse mich fallen,
all meine Last auf dem Festland blieb,
rundum mir alles zum Wohlgefallen.

Den Sonnenuntergang zu bestaunen,
die Sonne langsam im Meer versinkt,
der Himmel in überirdischen Farben,
das pfeifen des Windes wie Musik erklingt.

Sitze da, bin mit mir im Reinen,
Drachen ziehen am Himmel ihre Kreise,
mein Herz voll innerer Freude,
finde meinen Frieden auf diese Weise.

Vergnüglich

Es hat sich so ergeben,
war auch gar nicht geplant,
wie es oft so ist im Leben,
es nicht im Geringsten geahnt.

Saßen einfach in gemütlicher Runde,
aßen gemeinsam eine Kleinigkeit,
so verging Stunde um Stunde,
rasend schnell verging die Zeit.

Die Gespräche unterhaltsam und intensiv,
sich gegenseitig sehr zugewandt,
mit Nachdenklichen und Lachen der Abend verlief,
unsichtbar verbunden mit einem Band.

Nichts Besonderes, nur mal essen gehen,
so der Abend eigentlich begann,
so konnte etwas so Schönes daraus entstehen,
und uns alle zog in den Bann.

Irrsinnsgefühle

Bin so oft meinen Gefühlen ausgesetzt,
bin bisweilen selbst über mich entsetzt.
Aus dem Nichts ein Gefühl mich übermannt,
so oft verzweifelt dagegen angerannt.
Ich komme mit meinen Gefühlen nicht zurecht,
meine es gut und mache es schlecht.
Sie beherrschen mich im Überschwang,
explodieren in mir, es ist wie ein Zwang.
Es hat sich eingenistet braucht viel Raum,
es zu beherrschen bleibt vorerst ein Traum.
Quäle mein Umfeld, so wie auch mich,
selten schön, meist nur ärgerlich.
Wie es auch ist, eines ist jedoch sonnenklar,
wenn auch überzogen meine Gefühle sind wahr!

Mag es nicht

Ich mag keine halben Sachen,
es gibt auch kein zwischendrin,
da ist auch nichts zu machen,
stur wie ein Panzer ich da bin.

Was ich beginne, bring ich zu Ende,
Hindernisse spornen mich an,
es gibt kein Zurück, keine Wende,
auch wenn's weh tut, ich bleibe dran.

Zweifel schiebe ich beiseite,
habe mein Ziel vor Augen,
ich dafür kämpfe und streite,
sollte es mich auch auslaugen.

Ist es nicht zu erreichen,
kommt es dem gleich, wie versagen,
es nagt in mir, so dergleichen,
unmöglich, die Schmach zu ertragen.

So ich mich selbst zerfleische,
meine Kraft verschwende,
weiß nicht, was ich mir erheische,
immer wieder und kein Ende.

Kann nicht

„Wer nicht kann, was er will,
muss das wollen, was er kann.
Denn das zu wollen,
was er nicht kann,
wäre töricht".
Ein Zitat von Leonardo da Vinci,
dass für mich wegweisend ist
und immer sein wird.
So einfach
und verständlich
diese Worte auch klingen,
so schwer,
sind sie umzusetzen.
Es oft schon schwer genug,
genau zu wissen,
was man will.
Aber auch tatsächlich
einschätzen zu können,
ob man das denn auch kann,
erachte ich,
aus eigener Erfahrung,
sehr schwierig.
Unter Umständen,
beschreitet man einen Weg,
um dann festzustellen,
dass er mit den,
innewohnenden Fähigkeiten,
nicht im Einklang ist.
Ich habe diesbezüglich,
reichlich Erfahrung gesammelt.
Erst als ich dieses Zitat las,
wurde mir mein Irrweg bewusst.

Mich nicht in Träumereien,
zu versteigen,
ohne es wirklich zu wissen,
ob dies auch,
meinen Fähigkeiten
und Anlagen entspricht.
Als Kind träumt,
manch einer davon,
Astronaut oder Hubschrauberpilot,
zu werden.
Diese Aussagen relativieren sich
in der Regel,
im Laufe des Erwachsenwerdens.
Erst wenn man sich im Klaren ist,
ob dass, was man will,
auch tatsächlich erreichen kann,
begibt man sich dann,
auf eine Reise
deren Ziel man kennt.
Seit ich nach diesem,
Motto lebe,
sind meine Pfade
weniger verschlungen
und rückwärtsgerichtet.
Meine Kraft,
die ich aufwenden muss,
ist konzentrierter,
auf mein Ziel gerichtet.

„Kann nicht was ich will,
muss wollen was ich kann".
Und genau dies lebe ich!

Schlendrian

Es ist mal wieder soweit,
warum, weshalb und wieso,
werde getrieben von der Zeit,
Stimmungslage nicht gerade froh.

Habe es vor mich hergeschoben,
wollte mich nicht damit befassen,
Gewissensbisse in mir toben,
beginne mich schon selbst zu hassen.

Unliebsam die Aufgabe ist,
aber doch getan werden muss,
geschoben bis zur letzten Frist,
ein selbst verursachter Verdruss.

In Zukunft kommt das nicht mehr vor,
das tue ich mir nicht mehr an,
diesen Vorsatz, ich bisher immer verlor,
gewonnen hat immer nur mein Schlendrian.

Besser nicht mehr

Es geht mich ja nichts an,
ich halte mich da besser raus,
jedoch denke ich andauernd daran,
weiß weder ein, noch aus.

Will keinen Konflikt provozieren,
aber auch meine Meinung sagen,
vielleicht sollte ich es einfach riskieren,
nicht feige sein, einfach mal wagen.

Doch wenn tatsächlich es daneben geht,
und es wird noch schlimmer,
dann bin ich der, der im Regen steht,
so etwas will ich nie und nimmer.

Besser es noch ein wenig aufzuschieben,
vielleicht löst sich von selbst das Problem,
fühle mich zwischen den Fronten zerrieben,
die Situation ist verfahren, echt extrem.

Sollte zu meiner Entscheidung stehen,
geht es mir auch gegen den Strich,
den Tatsachen ins Auge sehen
die Konzentration zu lenken auf mich.

Auch wenn es mir widerstrebt,
mische ich mich ausnahmsweise nicht ein,
zu oft schon zu Genüge erlebt,
dass ich mir damit selbst stelle ein Bein.

Ängste

Ängste sind ein Nährboden,
für unsinnige Gewalt,
sie verwirren die Gedanken,
führen uns in die Irre.
Bewegen uns
zu irrationalen Handlungen.

Ängste blockieren
nehmen einen die Möglichkeit,
frei zu entscheiden.
Sie engen ein, überrollen uns,
wie eine Welle, die nicht mehr
aufzuhalten ist.

Ängste sind,
vom großen Vorteil,
für die wenigen,
die sie zu nützen wissen,
sie ganz bewusst schüren,
um ihr Ziel zu erreichen.

Ängste das Mittel,
zur Macht,
für viele Despoten,
sie machen stumm
und lassen Unrecht,
als Recht erscheinen.

Ich habe Angst,
vor diesen Ängsten,
die Geschichte hat gezeigt,
was sie anrichten und auslösen.
Dieses nicht zu zulassen,
müsste unser aller Ziel sein!

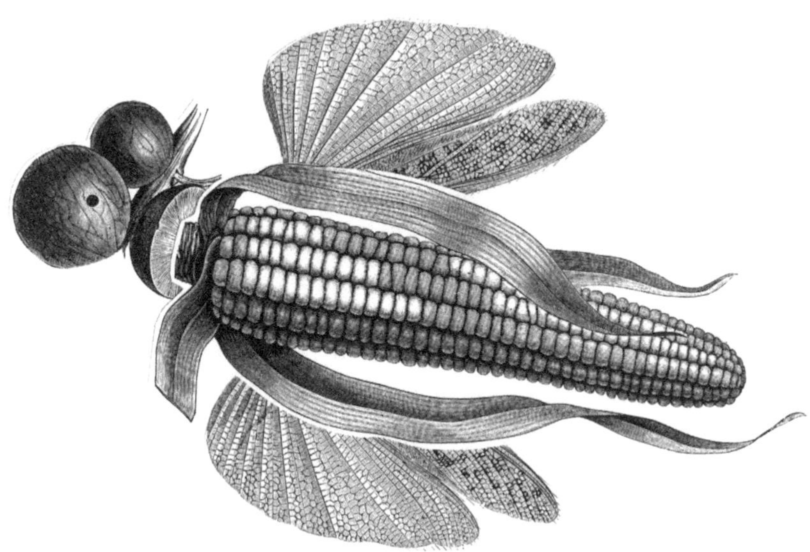

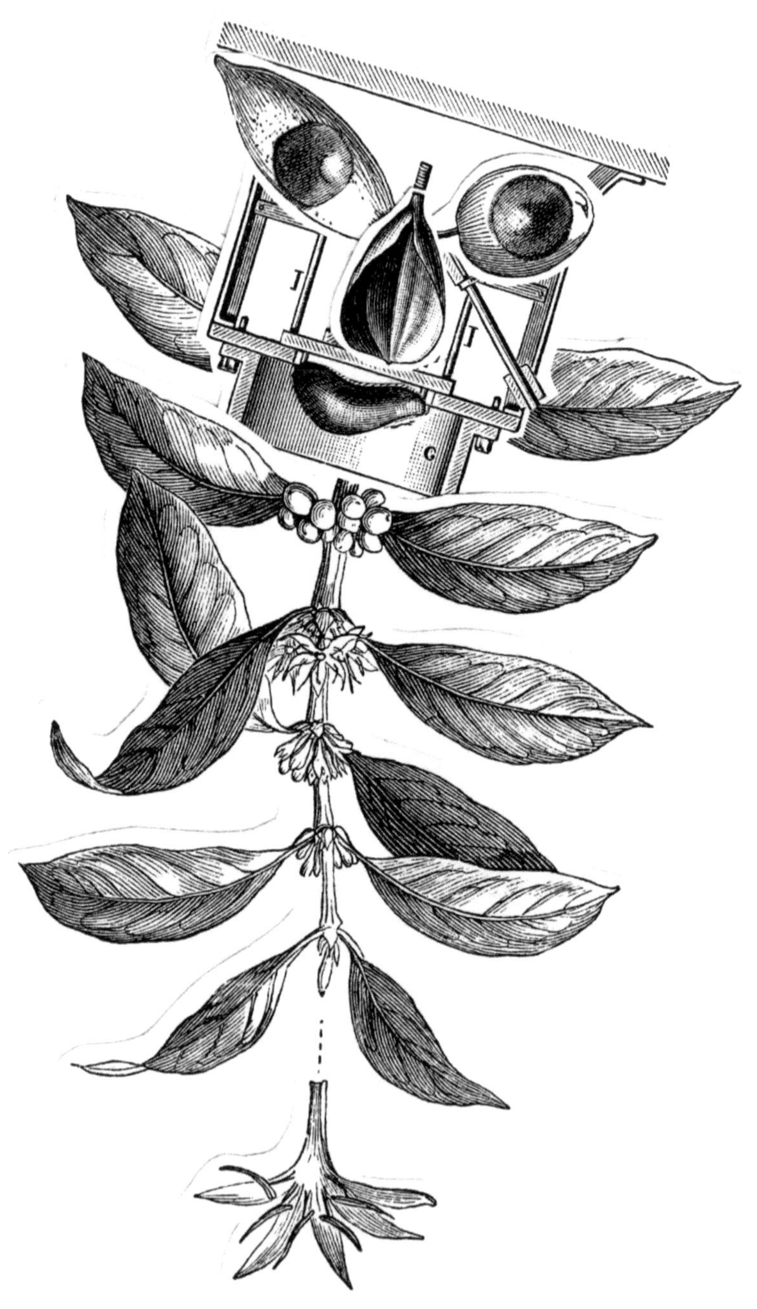
J
J
C

Spaziergang

Ich gehe spazieren,
gemütlich vor mich dahin,
lasse mich verführen,
bin ganz in mir drin.

Umringt von Bäumen,
Mutterseelen allein,
die Stimmung zu träumen,
so könnte es immer sein.

Kein Lärm der Großstadt,
nur die Stimmen der Natur,
Gerüche intensiv und satt,
von Missfallen keine Spur.

Alles aus meinem Kopf verbannt,
was mich blockiert oder empört,
die Natur hat mich in der Hand,
da ist nichts mehr was stört.

In diesem meinen Wald,
werde ich wohl nie mehr gehen,
er verschwindet für immer bald,
ich kann es nicht verstehen.

Wir wechseln vom grün ins grau,
missachten die Notwendigkeit,
ich düster in die Zukunft schau,
vorbei für immer, die schöne Zeit!

Zu viele Wälder müssen sterben,
für unsinniges, der wenigen Streben,
schlimm was wir unseren Kindern vererben,
versauen so selbst unser Leben.

Haferstich

Manchmal mich der Hafer sticht,
und mein Unfug alle Dämme bricht.
Habe dann nur Schabernack im Sinn,
man könnte glatt meinen, ich spinn.
Da gleiten mir die Zügel aus der Hand,
mich dieses unsinnig sein voll entspannt.
Zur Ruhe kommt, meine Seele, mein Geist,
von Zeit zu Zeit, ich mir dies gerne leist'.
Ohne zu denken, frei von der Leber weg,
erfüllt für mich durchaus seinen Zweck.
Habe ich mich dann wieder gefangen,
wieder zurück in die Normalität gegangen.
Mein Seelenbad genommen,
mich von aller Last freigeschwommen.

Sackleiden

Mensch, der ist ja viel zu groß,
ein Problem, was mach ich bloß?
Habe mich total verschätzt,
meine Ehre das sehr verletzt.
Er nimmt ein so viel Raum,
bekomme in von der Stelle kaum.
Dummerweise fehlt mir auch die Kraft,
dieser Sack mir viel Leiden schafft.
Zu Beginn war das Klasse, schön kompakt,
doch nun ist die Situation ziemlich vertrackt.
Eine Tonne Gewicht war dann doch zu viel,
den Rest wegkippen, ist nicht mein Stil.
Gute Ideen haben sich nicht als praktikabel erwiesen,
ein Geistesblitz wäre jetzt mehr als gepriesen.
Tagelang ich den Sack umkreise,
er wird nicht leichter, auf keine Weise.
Ich könnte den Inhalt auch verschenken,
doch auch da gilt es etwas zu bedenken!
Später brauchen wir ihn vielleicht doch noch,
Jetzt habe ich es, ich grabe ein Loch.

Nur ein Foto

Halt doch mal endlich still,
ich dich fotografieren will.
Ewig zappelst du rum,
ich finde das ziemlich dumm.
Gucke doch mal in die Kamera,
da kommt das Vögelchen, siehe da.
Nein! Nicht das Gesicht wegdrehen,
schließlich soll man das auch sehen.
Nicht so seitlich, da stört der Bauch,
höchsten einziehen, das ginge auch.
Jetzt hast du wieder die Hände im Gesicht,
also jetzt reicht es, so geht das wirklich nicht.
Maulst rum, bist nicht fotogen,
das kann ich sogar verstehen.
Aber lasse mich mal ruhig machen,
ich kann da die irrsten Sachen.
Habe nämlich da eine ganz tolle App,
da siehst du nicht aus, wie der letzte Depp.
Das bist dann nicht mehr wirklich du,
doch ich habe ein Foto, und du deine Ruh.

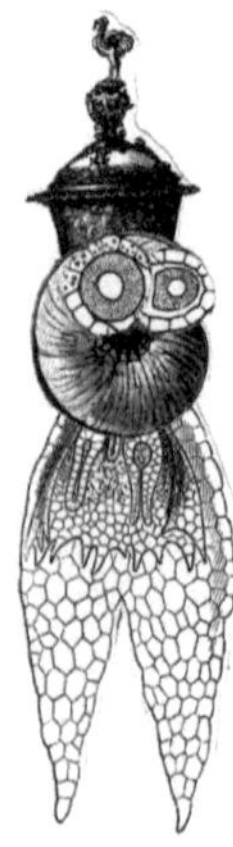

Seit Jahren

Ich liebe dich,
so sprach einst ich.
Mein Herz ist dein,
sollt für immer so sein.
Hast mich fasziniert,
so etwas noch nie gespürt.
Groß war meine Leidenschaft,
gepaart mit Mut und neuer Kraft.
Viele Jahre gingen übers Land,
mit viel Freude halt ich deine Hand.
Meine Liebe, stark wie eh,
ich immer zu dir steh.
Freundschaft, tiefes Vertrauen,
auf das können wir bauen.
Auf dem Fundament der Liebe,
jenseits aller Lust und Triebe.
Aus tiefsten Herzen ich dir sage,
ich liebe dich wie am ersten Tage.

Hast du?

Hat bitte jemand Zeit für mich,
brauche ganz dringend Hilfe ich.
Mir so einiges aufs Gemüt drückt,
in letzter Zeit mir nichts mehr glückt.
Ich muss unbedingt darüber sprechen,
sonst könnte ich daran zerbrechen.
Es lastet mir so schwer auf der Seele,
ich immer mehr mich damit quäle.
Viele gute Freunde haben sich abgewandt,
den Rest kann ich zählen an einer Hand.
Erfahre nun, tausend Freunde in der Not,
diese schlimme Tatsache, gehen auf ein Lot.
Vor einen Scherbenhaufen ich stehe,
das rettende Ufer ich nicht mehr sehe.
Wollte einfach mal erleichtern mein Herz,
doch niemand hat Zeit, das ist kein Scherz.
Aus unerwarteter Ecke dann doch Hilfe kommt,
er ist für mich da und das auch noch prompt.
An ihm hatte ich sogar nicht gedacht,
überrascht, dass er sich um andere Sorgen macht.
Hat sich immer sehr zurück gezogen,
gefühlt, war er mir nicht besonders gewogen.
Habe mich in ihm so sehr geirrt,
war erstmal auch recht verwirrt.
Er hat mir zugehört und das stundenlang,
sehr stark alles los zu werden, war mein Drang.
Die meisten Freundschaften sind zerronnen,
habe nun einen wahren Freund dazu gewonnen.

Nachbarschaft

Nachbarschaft ist oft schwierig,
Kleinigkeiten führen zum Streit,
sind danach regelrecht begierig,
haben zu nichts anderem mehr Zeit.

Ein Wort das andere gibt,
schaukeln sich gegenseitig hoch,
Einigungen werden versiebt,
schaffen sich ihr eigenes Joch.

So muss es aber nicht sein,
man kann dieses Übel meiden,
Toleranz fällt mir dazu ein,
verhindert manches Leiden.

Stehe ich mit meinen Nachbarn am Zaun,
plaudern über dieses und jenes,
über Jahre hinweg entstand Vertrauen,
der Kontakt birgt immer etwas Schönes.

Auch man sich gegenseitig hilft,
mit einer Selbstverständlichkeit,
nicht allzu oft auf so etwas trifft,
man gerne einen Augenblick verweilt.

Freundlichkeit und Harmonie,
aus ihren Herzen sie spricht,
selten welche gekannt, so wie sie
gute Nachbarschaft hat viel Gewicht.

Leben und leben lassen,
eine gute Devise,
hoch die Tassen,
auf Nachbarn wie diese.

Einfach zu viel!

Es gibt genügend Gründe,
die ich zum Davonlaufen finde.
Ich es nur auf eine Art aushalte,
in dem ich auf Durchzug schalte.
Fast täglich gebe es Anlass dazu,
die Welt voll mit Krieg und Unruh.
Egal, was ich höre und auch erblicke,
es wird schlimmer, kommt knüppeldicke.
Nachrichten mich immer mehr sehr erschrecken,
es wird schwerer noch was Gutes zu entdecken.
Total aus den Fugen gerät die Welt,
ungewiss, wie lange sie dies noch aushält.
An allen Ecken es kriselt und kracht,
es geht wie so oft nur um viel Geld und Macht.
Einfach weglaufen aber auch nichts bringt,
über dem Globus überall das Unheil schwingt.
Glaubenskriege plötzlich wieder entstehen,
an so vielen Orten kann man dies sehen.
Was machen wir Menschen den nur,
bei vielen von Einsicht keine Spur.
Scheue mich davor Nachrichten zu hören,
sie meine Illusionen vielleicht vollends zerstören.
Doch auch den Kopf in den Sand zu stecken,
mindert nicht meine Angst, den Schrecken.
Ich dermaßen verwirrt und traurig bin,
wo führt dieser Weg uns noch hin?
Was hat die nachfolgende Generation zu erwarten,
überleben da nur noch die Gnadenlosen, die Harten?
Nur noch düster ich in die Zukunft blicken kann,
auch meine Hoffnung auf Umkehr ändert nichts daran!
Will nicht glauben, dass wir so sind von Sinnen,
und die Werte des Lebens im Nichts verrinnen!

Nagelneu

Habe ein Auto gekauft, funkelnagelneu,
darüber ich mich megatierisch freu.
Es dauert noch bis ich es abholen kann,
die Spannung so groß, laufe rum wie im Tran.
Die Tage bis dahin, viel zu langsam verrinnen,
mein Auto, kann auf anderes mich nicht besinnen,
Habe ich dann endlich denn Schlüssel in der Hand,
der Stolz, Nervosität, Freude mich übermannt.
Das Auto riecht so verdammt gut,
immer mehr in Wallung gerät mein Blut.
Hoffentlich kommt da nie ein Kratzer rein,
am liebsten pack ich ihn in viel Watte ein.
Er steht bei mir in aller Pracht direkt vorm Haus,
kann nicht schlafen guck nur zum Fenster raus.
Am nächsten Tag, finde ich Vogeldreck auf der Haube,
vor lauter Wut wie ein wild gewordener Stier ich schnaube.
Nach einiger Zeit ist dann doch der erste Kratzer drin,
nicht abzuändern, ich finde das ärgerlich, richtig schlimm.
Gebe aber weiterhin pingelig darauf acht,
fahre durch die Straßen mit viel Bedacht.
Meine Nächte nun wieder entspannter sind,
mich nicht mehr im Schlafe hin und her wind.
Habe auch meine Frau wieder mehr als mein Auto lieb,
der Neuwagenwahnsinn wahre Blüten in mir trieb.

Abstieg

Er hat den Alkohol abgeschworen,
der hat in seinem Leben nichts mehr verloren.
Mit vollem Ernst er so zu ihr spricht,
so recht glauben, kann sie es nicht.
Schon so oft er sich diesen Vorsatz nahm,
und es immer wieder zum Scheitern kam.
Es geht auch gut ein paar Wochen,
dann hat sie es wieder gerochen.
Darauf angesprochen, er es heftig verneint,
doch der Alkohol und er sind wieder vereint.
Der Stoff zieht ihn immer mehr runter,
nur wenn der Pegel stimmt wird er munter.
Krankhaft aufgedunsen sein Gesicht,
dies allein schon wahre Bände spricht.
Für ihn auch kein Problem besteht, in dieser Sache,
es ist Blödsinn, dass sie sich Gedanken mache.
Er braucht keine Hilfen, will einfach nur seinen Frieden,
braucht keine Einmischung, so hat er für sich entschieden.
Tag für Tag er sich regelmäßig ins Koma säuft,
unkontrolliertes Handeln sich immer mehr häuft.
Familie nur noch am Rande für ihn existiert,
für sein Verhalten er sich nicht mehr geniert.
Er lässt auch niemanden mehr an sich ran,
Freunde hat er nur noch im Büdchen nebenan.
Mit dem Suff hat er sich verbündet,
eine ganz neue Familie gegründet.
Alles andere ist ihm egal,
in dieser Phase völlig normal.
Sie muss zusehen wie er sich und andere zerstört,
ist machtlos, er längst einen anderen gehört.
Der lässt ihn nicht mehr aus seinen Klauen,
sie muss ihn verlassen, nach vorne schauen.
Selbst muss er sich aus dem Sumpf ziehen,
lässt ihr keine Wahl, kann nur noch eines, Fliehen!

Jetzt nicht mehr!

Das lasse ich zukünftig wohl besser sein,
überleg mir gut, wo ich mich mische ein.
Wenn sich da welche uneinig sind und streiten,
halte mich zurück, lasse mich da nicht mit reinreiten.
Oft genug zu meinem Leidwesen erleben müssen,
ich bin der Idiot und sie sich wieder innigst küssen.
Wollte helfen die Wogen zu glätten, zu schlichten,
da fielen sie über mich her, begannen mich zu richten.
Plötzlich war ich schuld an dem Streit, war der Böse,
statt Ruhe reinzubringen, gab es eine Menge Getöse.
Habe diese Erfahrung ja schon öfter gemacht,
ich kann helfen, habe ich bei jedem Mal gedacht.
Ich höre höchstenfalls bei Problemen zu,
aber Rat geben ich sicher nicht mehr tu.
Habe mir damit immer wieder selbst geschadet,
und deren Mist dann auch noch ausgebadet.
Es ist ihr Streit und nicht meine Sache,
ich gewiss mich nicht mehr zu Affen mache.

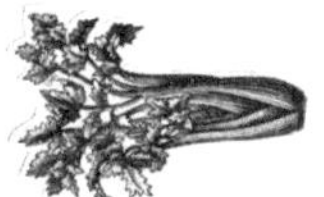

Wie Verzaubert

Hängt in der Luft,
schwer der Lavendelduft.
Kleine Bienen den Busch umschwirren,
sie darin sich laben und dinieren.
Davor eine Schnecke mit ihrem Haus,
streckt vorsichtig ihre Fühler aus.
Da kommt eine Libelle angeflogen,
hat sich aber gleich wieder verzogen.
Zwei Falter vollführen einen Tanz,
kommen sich nicht nah, halten Distanz.
Eine bunt schillernde Raupe den Baum erkundet,
ein Eichhörnchen denselben mehrmals umrundet.
Laut keckernd sitzt es hoch im Baum,
um wachsam nach Feinden zu schau 'n.
Zwei Tauben gurren im Duett,
über mir eine Spinne dick und fett.
Mich erfreut dieses emsige Treiben,
gerne würde ich noch länger bleiben.
Doch muss ich in den grauen Alltag zurück,
war wie verzaubert für einen Augenblick.

Ganz tief

Es geht ganz tief hinein,
die Musik mich berührt,
Schauer mich überfluten,
in eine andere Welt geführt.

Die Töne dringen in mich ein,
bilden in mir ein Geflecht,
möchte nichts davon versäumen,
wollte, dass es nie enden möcht.

Es zieht mich immer mehr hinein,
in den Sog der Lieder,
die Stimme mich verzaubert,
könnt sie hören immer wieder.

Bin berauscht von diesen Klängen,
mit Worten nicht zu beschreiben,
bin in einer anderen Welt,
möchte für ewig dort verbleiben.

Akkorde schwingen noch im Raum,
bin noch von allem benommen,
es war real und doch ein Traum.
Die letzten Töne verklingen.

Modenschau

Ist dieses Kleid nicht wunderschön,
meinst du das könnte mir stehen?
Sollte ich jetzt ehrlich zu ihr sein,
das wäre aber nicht besonders fein.
Irgendwie sieht es ja schon gut aus,
glaubt mir nicht zieht ihre Stirn kraus.
Spürt, dass es nicht so richtig stimmt,
die Lunte bei ihr schon leicht klimmt.
Ich bekräftige du kannst es tragen,
was auch sonst sollte ich sagen.
Wenn es ihr doch so super gut gefällt,
da will ich nicht zerstören ihre Welt.
Ich riskiere noch einen zweiten Blick,
na ja, eigentlich ist es doch ganz schick.
Aber da habe ich einen Geistesblitz,
ich nun ganz entspannt vor ihr sitz.
Egal was du anziehst es ist immer toll,
ich dir gerne noch ein anders Teil hol.
Passt vielleicht sogar noch besser zu dir,
so verschließ ich mir nicht vollends die Tür.
Puh, das Drama gerade noch so abgewendet,
mein Glück sonst hätte es vielleicht bös geendet!

Kopf gewaschen!

Sei doch nicht immer mit dir so streng,
du siehst manche Dinge viel zu eng.
Es geht das meiste nicht ganz nach Plan,
so ist es nun mal, du änderst nichts daran.
Du gingst deinen Weg stur gerade aus,
bis zur Selbstaufgabe holtest du alles raus.
Von uns Kindern die gleiche Erwartung du hast,
doch wir sind anders, auch wenn es dir nicht passt.
Du wolltest natürlich uns immer ein Vorbild sein,
aber wir sind nicht so wie du, sieh das endlich ein.
Wollen und müssen unseren eigenen Weg finden,
mit allen Konsequenzen uns selbst ergründen.
Wir deine Sorgen und Nöte durchaus verstehen,
lass uns los, wir müssen ohne deine Hilfe gehen.
Schenke uns deine Zuversicht, dein Vertrauen,
kannst beruhigt auf dich selbst mal schauen.
Du bist immer für uns da, das alleine zählt,
es ist unser Leben, auch wenn es dir nicht gefällt.
Wir leben nun mal in unterschiedlichen Welten,
darum höre auf uns immer wieder zu schelten.
Das wollten und mussten wir dir einfach mal sagen,
wir müssen für uns selbst die Verantwortung tragen.
Du hast nicht falsches an unserer Erziehung gemacht,
nur weil wir den Weg nicht gehen, wie du ihn dir gedacht.

Trau dich

Sie machen dich blöd,
von der Seite an,
es ist so schnöd,
sie erfreuen sich daran.

Haben ihren Spaß,
du leidest,
in dir wächst Hass,
doch du meidest.

Kannst dich nicht wehren,
lässt es geschehen,
kannst es nicht klären,
selbst nicht verstehen.

Nichts mehr zulassen,
musst dir Hilfe holen,
jetzt deinen Mut fassen,
lass dich nie mehr verkohlen.

Trau Dich,
du hast die Kraft,
ruhen in sich,
bald ist's geschafft.

Lass abprallen,
diese ganze Häme,
lass sie nur schwallen,
dich nie mehr gräme.

Ihre Worte ohne Sinn,
prallen ab, treffen dich nicht,
denn tief in dir drin,
Du bist der Riese, sie der Wicht.

Meine Wut

Ich sitze bei einer Tasse Kaffee gemütlich,
meine Laune ist so in Richtung vergnüglich.
Und doch etwas ständig im mir rumort,
wütet in mir bedrängt mich und bohrt.
Eigentlich läuft alles wirklich richtig gut,
doch im innersten, sie lauert meine Wut.
Wie ein Vulkan der nicht zur Ruhe kommen kann,
der so mir nichts dir nichts ausbricht ganz spontan.
So passiert's, dass ich ständig unter Strom stehe,
und den Weg bis zum Einschlag ich beharrlich gehe.
Bis jetzt der Katstrophe gerade noch entronnen,
konnte mich fangen noch rechtzeitig besonnen.
Es kostet mich auf Dauer viel zu viel an Kraft,
die Wut in mir immer Unzufriedenheit schafft.
Kaum einer kann wissen was es heißt,
wenn es einen innerlich fast zerreißt.
Habe schmerzhaft lernen müssen damit zu leben,
die Wut zu regulieren, ihr nicht allen Raum zu geben.
mein größter Wunsch ist hier auf Erden,
dass meine Wut und ich Freunde werden!

Familientreffen

Kommt die Familie mal zusammen,
entwickeln sich oft ungeahnte Dramen.
Das aber kann durchaus anders sein,
ehrlich, nicht hinterfotzig und gemein.
Von kleinen Frotzeleien abgesehen,
kann es durchaus harmonisch zu gehen.
Über seine eigenen Fehler lachen zu können,
sich mit vergangenem Ungemach zu versöhnen.
Ernsthaft sprechen über Nöte und Sorgen,
auch peinliches bleibt nicht verborgen.
Keine Angst bei jemanden anzuecken,
braucht sich nicht hinter Fassaden verstecken.
Auch das was immer totgeschwiegen,
mag es auch noch so schwer wiegen.
Dies alles mal wirklich auf den Tisch zu legen,
kann viel verändern und nach vorne bewegen.
Gerade wenn man sich nicht so oft sieht,
ist es wichtig das so etwas geschieht.
Sicher kein leichtes und einfaches Unterfangen,
zu viel Zeit mit Schweigen ist schon vergangen.
Ich habe das erst kürzlich selbst erfahren,
es war das wirklich beste, seit so vielen Jahren.

Kurze Beine

Die Katze lässt, dass Mäuse fangen nicht,
so wie der Mensch aufs Lügen nicht Verzicht.
Du sollst nicht lügen, das wissen wir alle,
und doch passiert es stets, von Fall zu Falle.
Manche lügen notgedrungen, von Zeit zu Zeit,
die Palette der Form des Lügens ist sehr breit.
Etwa welche, die es geradezu notorische betreiben,
es ist ihnen nicht möglich, bei der Wahrheit zu bleiben.
Der Spruch, Lügen haben kurze Beine,
trifft nicht so wirklich, so ich meine.
Einige haben sich eine Scheinwelt erstellt,
wissen nicht mehr, wie sehr Wahrheit zählt.
Sie spüren nicht, wie sie sich selbst betrügen,
glauben nicht, dass jemand merkt, dass sie lügen.
Mal ist man auch gezwungen, dass man bewusst lügt,
aus einer Not heraus geboren, man die Wahrheit verbiegt.
Jeder von uns lügt und wird genauso belogen,
und manchmal wird man mit hineingezogen.
Ich wollte für Verlogenheit etwas Verständnis zeigen,
obwohl die Wahrheitsliebe ich mache mir zu eigen.
Doch auch mir das Lügen im Hemde hängt,
sowie bei der Katze, die ihre Mäuse fängt.

Übermannt

In der Hektik, mal schnell vergisst,
was einem ansonsten so wichtig ist.
Lässt seine Grundsätze außer Acht,
weil einem etwas völlig kirre macht.
Man verliert seine Contenance, sein Gesicht,
wehrt sich dagegen, denn man will es nicht.
Muss aus der grauenvollen Situation flüchten,
statt sich selbst noch zu Grunde zu richten.
Ist man dann in einem ruhigeren Fahrwasser,
was da gerade passiert ist, geht kaum noch krasser.
Man sich selbst nicht mehr erkennt,
wenn es einen so dermaßen überrennt.
Nach einer Weile, spielt der Kreislauf nicht mehr verrückt,
auch der hohe Puls hat sich wieder zurechtgerückt.
Man kann dann endlich wieder klar denken,
dem wesentlichen wieder Aufmerksamkeit schenken.
Dieses Ereignis hat mir deutlich gezeigt,
wie schnell man zum ausrasten neigt.
Es hat mich durcheinandergebracht, verwirrt,
wie rasch man sein Gleichgewicht verliert.
Hat man sich dann wieder gefangen,
und konnte wieder Vernunft erlangen.
Stellt man fest, Ruhe bewahren, ist leicht daher gesagt,
wenn von Unruhegeistern wird bedrängt und geplagt.

Eine Bestellung

Habe mir zu ersten Mal etwas aus dem Internet bestellt,
in der Hoffnung, dass es das versprochene auch hält.
Mit PayPal die Bezahlung dann auch gleich getätigt,
so war das wichtigste und schwierige erstmal erledigt.
Gleich kurz darauf kam schon eine Mail bei mir an,
mit der Mitteilung, sie sind an der Bearbeitung dran.
Bis die Ware ankommt, kann es ein paar Tage dauern,
wenn man mich fragt, viel zu lange, zu meinem Bedauern.
Endlich die Nachricht, die Sendung ist auf dem Weg gebracht,
hoffentlich funktioniert auch alles, habe ich ängstlich gedacht.
Im Netz verfolge ich die Sendung zu jeder Stunde,
durch das halbe Land macht das Ding die Runde.
Erst mal schicken sie es zu einem weit entfernten Ort,
dann noch zu einem Lager, noch weiter weg von dort.
Für mein Verständnis läuft da etwas schief,
darauf könnte ich geben, Siegel und Brief.
Irgendwann es aber doch in meine Richtung geht,
meine Bestellung kurz vor der Anlieferung steht.
Schon am nächsten Tag steht der Bote vor der Tür,
meine Erwartung geht ins Unermessliche schier.
Er schleppt ein sehr großes Paket vor sich her,
plagt sich ab damit, denn es ist viel zu schwer.
Wie ein Kartenhaus stürzt zusammen meine Welt,
das habe ich wirklich nie und nimmer bestellt.
Doch der Irrtum stellt sich schnell heraus,
dieses Monsterpacket gehört ins Nachbarhaus.
Derjenige leider nicht anzutreffen war,
jetzt habe ich es an der Backe, na wunderbar.
Auch ich durfte mich über mein Päckchen freuen,
es nochmal zu tun, würde ich mich nicht scheuen.
Obwohl, wenn ich mir den Aufwand überleg,
dann finde ich das dann doch etwas schräg.
Die Firma liegt nicht so sehr weit entfernt von mir,
das Päckchen brauchte an Weg das zehnfache dafür.

Mein Seelchen

Wieder habe ich mal falsch gedacht,
und damit mich selbst zum Gespött gemacht.
Habe nur mit halbem Ohr zugehört,
über das gehörte mich furchtbar empört.
Das Gesprochene an sich harmlos war,
nur mir war es wieder mal nicht klar.
Es ist bei mir voll beleidigend angekommen,
schon bin ich auf der Wutwelle geschwommen.
Ich wohl viel zu dünnhäutig, empfindlich bin,
wer kann das schon sagen, der nicht steckt drin.
Vielleicht ist es so, vielleicht auch nicht,
auf einiges lege ich sehr viel Gewicht.
Da reagiere ich sehr emotional,
manchmal wird es dann echt fatal.
Habe ich etwas in den falschen Hals gekriegt,
es trotzdem mir lange in den Magen liegt.
Vielleicht habe ich ja doch nicht falsch gehört,
und somit mit vollem Recht mich empört.
Aber ich hätte schon sehr gern eine dickere Haut,
damit es mich nicht gleich aus den Latschen haut.
Eine Sache aber muss ich noch gestehen,
ich werde nicht als Kind der Traurigkeit gesehen.
Einerseits extrem empfindlich sein,
und dann zu anderen doch gemein.
Das sind eine meiner dunklen Seiten,
die mir immer mal Ärger und Kummer bereiten.

Mein Kind

Was für einen Weg,
kann mein Kind einst gehen,
wird es fleißig oder träg,
ist die Richtung schon zu sehen?

Es gibt so viel Hürden zu überwinden,
so viele Prüfungen zu bestehen,
muss helfen, den Weg zu finden,
noch kann es nicht alleine gehen.

Liegt mein Ehrgeiz darin verborgen,
in meinen unerreichten Zielen,
mache mir so viele Sorgen,
soll nicht eines sein von vielen.

Abitur ist oberste Pflicht,
dafür wird alles gegeben,
darunter geht es einfach nicht,
ist wichtig für das ganze Leben.

Doch wie kann es funktionieren, ohne Zwang,
die wahren Bedürfnisse zu erkennen,
wie kann ich zügeln meinen großen Drang,
es soll doch auch nicht ins Unglück rennen.

Will es unterstützen, in allen Belangen,
doch auch noch Freiheiten zu lassen,
sollte schleunigst damit anfangen,
bevor es beginnt mich zu hassen.

Auch sollte es mir widerstreben,
es soll und darf seinen Weg gehen,
und nicht sein Leben für mich leben,
nicht bedrängen, sanft zu Seite stehen.

Wenn es doch nur so einfach wäre,
man will doch nur das Beste für sein Kind,
vielleicht ich nur mein Bedürfnis nähre,
weil Versagensängste in mir sind.

Ich kann es drehen und wenden,
es liegt nicht allein in meiner Hand,
kann eigentlich nur Signale senden,
und hoffen auf beide Herze und Verstand.

Heißer Sommer

Brütend heiß die Sonne scheint,
sie einen zu verbrennen meint.
Die Gluthitze kaum zu ertragen,
das geht schon so seit vielen Tagen.
Sommer, Sonne, schön und gut,
doch das zu viel des Guten tut.
Auch nicht ein kleines Lüftchen weht,
die Hitze in den Straßen der Stadt steht.
Blaualgen haben den Baggersee konfisziert,
in diesem Gewässer sich niemand mehr amüsiert.
Die Wiesen braun und verdorrt,
kaum jemand hat noch Lust auf Sport.
Die Schulkinder haben auf Dauer Hitzefrei,
auf der Kühlerhaube kannst du braten ein Ei.
Rhein und Main führen Niedrigwasser,
Fische sterben, es wird krass und krasser.
Abkühlung sucht man vergebens,
Wasser wird knapp, der Quell des Lebens.
Einig wenige sich über die große Hitze freuen,
andere den Wunsch nach viel Sonne schon bereuen.
Die Natur aber jetzt schon langsam kollabiert,
sie immer mehr und schneller an Substanz verliert.
Den Grund wir alle bestens kennen,
und wir es auch beim Namen nennen.
Unser Handeln aber halbherzig ist,
so versäumen wir Frist um Frist.
Wenn es dann mal heftig regnet,
wird dem Thema anders begegnet.
Vielleicht ist es ja doch nicht so wild,
die Klimawandellüge doch irgendwie gilt.
Der eine oder andere dies sicher denkt,
dem ganzen keinen Glauben mehr schenkt.
Was auf uns in Zukunft zukommt ist ungewiss,
nur eines kann ich sagen, ich habe Schiss!

Unmöglich

Gerne wäre ich länger geblieben,
doch etwas hat mich von dort vertrieben.
Große Klasse war die Musik
auch das Ambiente war sehr schick.
Ich ließ mich sogar zum Tanze überreden,
und habe die Tanzfläche mehrmals betreten.
Eigentlich ist Tanzen nicht unbedingt mein Ding,
zu steif und stockig, ich es nicht wirklich bring.
Das Buffet war grandios und äußerst delikat,
möchte nicht wissen, was das gekostet hat.
Die Stimmung war heiter und ausgelassen,
immer öfter hieß es, hoch die Tassen.
Sehr oft musste ich ablehnen, verneinen,
ich trinke nicht, auch keinen kleinen.
Teilweises Unverständnis mir entgegen schlug,
blöde Fragen, du trinkst nicht, bist du auf Entzug?
Es geht keinen was an, dass ich Alkoholiker bin,
nach trinken steht seit Jahren mir nicht mehr der Sinn.
Anscheinend ist es immer noch nicht normal,
wer nicht trinkt, hat ein Problem, echt fatal.
Die Gesellschaft glorifiziert den Alkohol,
nur wer mithalten kann, ist so richtig toll.
Ansonsten bist du ein Nerd, ein Außenseiter,
ich musste gehen, es ging nicht mehr weiter.
Mit Betrunkenen sich zu umgeben,
passt nicht mehr zu meinem Leben.
Es ist wie ein Gang auf zugefrorenen Eis,
von dem wie dick es ist, es keiner weiß!

Trägheit

Trägheit sich in mir einschleicht,
meine Kraft zu nichts mehr reicht.
Bin schon nach dem Aufstehen müd,
und das ist klar, eindeutig verfrüht.
Schleppe mich so durch den Tag,
mich nichts zu motivieren vermag.
Weiß nicht woran es liegen kann,
irgendwie geht nichts richtig voran.
Es könnte auch die große Hitze sein,
bislang fand ich aber Hitze immer fein.
Vielleicht sind es gar Altersgründe,
was ich nicht als so prickelnd empfinde.
So rätsle ich hin und rätsle her,
es belastet mich immer mehr.
Vielleicht habe ich mir was eingefangen,
doch zum Doktor wird noch nicht gegangen.
Es geht schon so seit vielen Tagen,
drängen sich auf in mir viele Fragen.
Kann mir das überhaupt nicht erklären,
keine Möglichkeit mich dagegen zu wehren.
Ich könnte mich etwas mehr bewegen,
doch da spricht einiges dagegen,
Darum lege ich mich erstmal wieder hin,
weil ich immer noch so träge bin.

Unzufrieden

Es gibt bei mir immer mal so Zeiten,
da kotzt mich alles nur noch an,
ich will es nicht bestreiten,
komme nicht mehr an mich dran.

Sehe alles nur noch beschissen,
alles hinzuschmeißen mein Verlangen,
doch da ist in mir das Wissen,
ich könnte nicht nochmal neu anfangen.

Ich meine es oft nicht mehr zu ertragen,
nichts bestimmtes, eher so allgemein,
nichts wirklich zu erreichen, ewiges Versagen,
schränkt mich stets aufs Neue ein.

Kann meine Gedanken nicht verstehen,
da an sich ich glücklich und zufrieden bin,
wollte ich doch genau diesen Weg gehen,
warum es so ist, entzieht sich meinen Sinn.

Zu meinen, stetig etwas zu versäumen,
es immer wieder noch besser zu wollen,
sich verirren in Fantasien und Träumen,
es ist nie genug, stets voran in die vollen.

Perfekt reicht mir nicht aus,
muss noch einen draufsetzen,
ich komme da einfach nicht raus,
stelle ich fest zu meinem Entsetzen.

Phänomen

Immer wieder dieses Phänomen,
man auf einer immerwährenden Welle reitet,
ziemlich alles gelingt im Handumdrehen,
das Leben hat sich vor einem ausgebreitet.

Es geht einem rundum super gut,
uns kann so schnell nichts passieren,
in der Ecke steht bereits Bruder Übermut,
ist dabei die Realität zu verlieren.

Mit jedem Erfolg, der Wagemut sich steigert,
das Pendel immer in Richtung Glück schwingt,
gegen warnende Stimmen man sich verweigert,
man sich in ungeahnte Höhen schwingt.

Haben den Boden unter den Füßen verloren,
der Höhenflug scheint nie zu enden,
man ist auf der Sonnenseite geboren,
man nimmt alles auf mit vollen Händen.

Aber wehe, wenn das Blatt sich wendet,
bei dieser Höhe, schmerzhaft der Fall ist,
alles ist dann auf einem Schlag beendet,
bekommt Bodenhaftung, wird wieder Realist.

Vorsicht vor solcher Euphorie,
wenn sie einen unerwartet überfällt,
was sie vorgaukelt, hält meist nie,
man sich selbst dabei ein Bein stellt.

Wenn es dem Esel zu wohl ist,
da ist bekannt, dann geht er auf das Eis,
dieser Spruch ist sicher kein Mist,
oft liefert man selbst sich den Beweis!

Schon wieder!

Wird man beschimpft und mies beleidigt,
besteht doch das Recht das man sich verteidigt.
So habe ich das immer gesehen,
das kann ja wohl jeder verstehen.
Ich habe völlig die Fassung verloren,
meine totgeglaubte Wut war neu geboren.
Gegenseitiges beschimpfen eskaliert,
nur noch blinde Wut in mir dominiert.
Bringe noch andere in große Gefahr,
und werde mir dessen nicht mal gewahr.
Ich schreie, tobe und randaliere,
benehme mich, als wäre ich irre.
Ich darf mir das nicht gefallen lassen,
mein verletzter Stolz lässt mich hassen.
Doch mein Durst nach Rache bleibt ungestillt,
aber mich zu zügeln bin ich nicht gewillt.
So brülle ich weiter meine Wut heraus,
meine Freundin hält es nicht mehr aus.
Sie hat Angst möchte nur noch flüchten,
soll ich mich doch alleine zugrunde richten.
Doch auch das lasse ich nicht geschehen,
kann weder denken, noch klarsehen.
Alle Sinne sind ausgeschaltet,
die Irrsinnswut mich verwaltet.
Medikamente könnten mir Hilfe geben,
aber will ich unter Drogen leben?
Das bin dann nicht mehr wirklich ich,
ich bin da schon sehr zögerlich.
Die Wut in mir wird nur schlafen gelegt,
bleibt aber immer da und das unentwegt.
Was, wenn ich die Dosis ständig erhöhen muss,
nein das ist nicht der Weisheit letzter Schluss.

Ich muss, ich will andere Wege finden,
muss mein selbst nochmal genau ergründen.
So viele Hilfen habe ich in Anspruch genommen,
und doch nicht dauerhaft in den Griff bekommen.
Es tut mir alles so schrecklich leid,
was ich brauche und nicht habe ist Zeit.
Zu oft und zu schnell tierisch ausgerastet,
habe die Geduld aller einfach überlastet.
Ich will ihr und auch anderen nicht mehr schaden,
habe einfach zu viel Müll auf sie abgeladen.
Krankhaft, psychischer Defekt hin oder her,
ich bin erledigt, ausgebrannt, hohl und leer!

Hab's nicht gesehen

Mir ist klar geworden,
wenn überfallen mich die Horden.
Der Dämon in mir Besitz ergreift,
und Mein ich, sich von mir abstreift.
Ich bin dann für sie wie ein Fremder,
rasend unbeherrscht und enthemmter.
Furchtbare Angst nimmt sie in Besitz,
Worte kommen nicht an, sind unnütz.
Schreit mich an, höre endlich auf,
doch ich höre nichts, bin voll drauf.
Habe in dem Moment an sie nicht gedacht,
nicht bewusst, was meine Raserei mit ihr macht.
So nimmt mein Wüten kein Ende,
stumm wartet sie auf eine Wende.
Ist mein Wahnsinn endlich dann mal vorbei,
meine Hoffnung das sie mir wieder mal verzeih.
Muss mich rechtfertigen, ihr alles erklären,
wie unselige Kräfte dann an mir zehren.
Soll doch verstehen, will von ihr die Absolution,
sie ist stumm aus ihrem Munde kommt kein Ton,
Wie gelähmt sie ist, kann nur schweigen,
kann mir kein Verständnis mehr zeigen.
Mit ihrer Angst ließ ich sie im Stich,
sah nicht ihr Leiden, nur mich.
Bin ratlos habe keinen Plan,
frage mich nur, was habe ich getan?
Möchte zurückdrehen die Zeit,
was geschehen ist, tut mir sehr leid.
Ich kann nur noch wieder mal hoffen,
alles andere ist ungewiss, bleibt offen.

Ganz schnell

Ich noch schnell etwas einkaufen muss,
muss mich beeilen, die machen bald Schluss.
Etwas sehr Wichtiges aus der Apotheke,
später noch einen Snack von der heißen Theke.
Vorher noch zackig in den Drogeriemarkt rein,
brauche nur zwei Sachen, dürfte kein Problem sein.
So habe ich für mich den Ablauf minuziös geplant,
dass es ganz anders kommt, habe ich nicht geahnt.
In der Apotheke eine riesige Warteschlange,
ich mein, das dauert mir viel zu lange.
Ein Weilchen harre ich noch aus,
zwecklos, nichts wie aus dem Laden raus.
Probiere es später nochmal, das macht Sinn,
jetzt erstmal zum Drogeriemarkt hin.
In den Laden erwartungsvoll hineingestürmt,
au Backe, am liebsten wäre ich wieder getürmt.
Auch hier noch eine riesige Menschenmasse,
drängeln sich genervt an einer einzigen Kasse.
Auf der Suche nach den zwei Dingen,
musste ich mit meiner Fassung ringen.
Aber genau die, waren ausgerechnet ausverkauft,
so eine Kacke, erstmal ganz tief durchgeschnauft.
Na wenigstens muss ich nicht an der Kasse anstehen,
und kann sofort nochmal zur Apotheke gehen.
Ich haste hurtig hin, bin schon schweißgebadet,
vielleicht hätte dort zu warten, doch nicht geschadet.
Die Apotheke schließt gerade ihre Pforten,
zwei Minuten zu früh, das sind vielleicht Konsorten.
Bis jetzt ist alles ziemlich blöd für mich gelaufen,
wenigstens nun noch schnell was zum Essen kaufen.
Doch ist die heiße Theke auch schon kalt, dummerweise,
mit leeren Taschen kehre ich zurück von meiner Reise.
Viele andere Menschen hatten die gleichen Ideen.
werde wohl das nächste Mal früher einkaufen geh'n.

Diva

Ich bin mit Worten ziemlich gewandt,
habe immer flotte Sprüche zur Hand.
Da wo ich stehe ist immer die Mitte,
da ist kein Platz für zweite oder dritte.
Ich bin eine absolute Rampensau,
und außerdem auch noch schlau.
Wenn ich einen Raum betrete,
hört sofort auf das Gerede.
Alle Blicke richten sich auf mich,
denn schließlich bin die Diva ich.
Sollte aber jemand meinen,
sich mit mir zu vereinen.
Er in der zweiten Reihe steht,
und immer hinter mir geht.
Wenn einer mir den Rang streitig macht,
und man hinter meinen Rücken lacht.
Dann werde ich richtig sauer,
und ziehe um mich eine Mauer.
Bin bis aufs Knochenmark beleidigt,
denn niemand hat mich verteidigt.
Ich bin der Nabel der Welt,
sich keiner mir entgegenstellt.
Doch bin ich mal mit mir allein,
so bin ich Diva ganz klein.
Stehe ich nicht im Rampenlicht,
bin ich ein ganz armer Wicht.
Kämpfe tagtäglich um Anerkennung und Lob,
bekomme ich sie nicht, werde ich grob.
Vielleicht ist es besser kein Diven Leben führen,
und dafür Liebe und wahre Freundschaft spüren!

Sommer

Früher Morgen im Sommer,
es ist noch angenehm kühl,
Vögel zwitschern ihre Lieder,
so pudelwohl ich mich fühl.

Muss noch keinen Schatten suchen,
zum kühlen Raum mich flüchten,
doch stetig steigt das Thermometer,
kann auf das Gießen nicht verzichten.

Mittags, steht die Sonne am Zenit,
der Asphalt auf den Straßen glüht,
die Hunde hecheln um die Wette,
ächzend bin ich um Abkühlung bemüht.

Kühles Nass durch meine Kehle fließt,
bei manch anderen auch das Bier,
knallvoll die Schwimmbäder und Seen,
Freude und Leiden, Tür an Tür.

Die Schwüle alles zum Erliegen bringt,
jede Bewegung ist mir eine zu viel,
ächzend ich in den Seilen hänge,
kommt mir vor wie Fleisch auf dem Grill.

Die Sonne im glühenden rot versinkt,
die Lebensgeister in mir sich wieder regen,
angenehme Kühle bringt der Abendwind,
endlich kann ich mich wieder befreit bewegen.

Regen wünschte ich mir für die Nacht,
dass die Erde ihren Durst kann stillen,
mein Körper von der Hitzequal sich erholt,
leise zirpen ein Schlaflied die Grillen.

Vergesslich

Ich mache mir immer wieder Stress,
weil ich so einiges vergess'.
Ich aus meiner Wohnung gehe,
und ohne Schlüssel dastehe.
Der liegt da irgendwo rum,
weiß nicht wo, ziemlich dumm.
Wichtige Post ordentlich zur Seite gelegt,
wie aus meinem Gedächtnis weggefegt.
Doch was noch viel schlimmer ist,
sehr peinlich, ist wirklich Mist.
Geburtstage kann ich mir nicht merken,
dass zählt echt nicht zu meinen Stärken.
Obwohl ich sie irgendwo habe notiert,
mir das doch schon sehr oft passiert.
Mit viel Glück fällt es mir vielleicht noch ein,
so ist es und so sollte es aber nicht sein.
Doch meistens bin ich zu spät dran,
weiß auch nicht wie ich es ändern an.
Eben noch gedacht, das darf ich partout nicht vergessen,
bin ich im Auto ohne Papiere und Geldbörse dagesessen.
Oder steige aus meinem Auto, verschließe die Türen,
gehe meinen Weg, da fängt etwas an sich in mir zu rühren.
Habe ich wirklich die Türen zugemacht,
oder habe ich es nur so gedacht.
Also gehe ich wieder den ganzen Weg zurück,
alles zu, da hatte ich ja nochmal Glück.
Ob das etwa am älter werden liegt,
diese Angst sehr schwer in mir wiegt.
War das bei mir schon immer oder ist das neu,
will es nicht wissen, vor der Wahrheit ich mich scheu!

Die treue Klientin

Hallo, ich da mal ein Anliegen hätt',
haben sie jetzt Zeit, das wäre nett.
Habe einen Brief bekommen vom Amt,
das ist so ungerecht, verdammt.
Wie, sie können da nichts machen im Moment,
egal, mir das jetzt unter den Nägeln brennt.
Ich muss ihnen das alles erzählen, haarklein,
vielleicht fällt ihnen dazu doch noch was ein.
Anrufen muss ich da, ja das schon stimmt,
doch von denen keiner Zeit sich für mich nimmt.
Ich muss das alleine machen, das weiß ich ja,
aber ich muss darüber reden und sie sind ja da.
Vielleicht können sie mir doch helfen, wer weiß,
es stimmt alles was ich sage, vor mir liegt der Beweis.
Wie sie dürfen nicht, es überschreitet ihre Möglichkeiten,
sie würden da, sagen sie, ganz klar Grenzen überschreiten.
Aber würde ich ihnen doch die Sachlage gerne erklären,
ich bitte sie, das können sie mir nicht verwehren.
Wie jetzt am Sonntag hat es keinen Zweck,
wo soll ich denn sonst hin, mit dem ganzen Dreck.
Anrufen soll ich, ja das haben sie schon gesagt,
da aber bekommt man keine Antwort, wenn man fragt.
Na ja dann Tschüss, ich rufe sie morgen wieder an,
halt noch einen kleinen Moment, bleiben sie dran.
Da ist etwas, ich habe schlimme Beschwerden,
die muss ich unbedingt noch loswerden.
Sie haben recht, ich muss zu meinem Hausarzt gehen,
das ist gut, da werde ich gleich morgen auf der Matte stehen.
Nur eines, gelten denn meine Medikamente noch,
dass wenigstens, können sie mir sagen doch.
Hallo, Hallo, was ist denn jetzt?
Tut – Tut – Tut, besetzt!

Irrfahrt

Es ist wahrlich nicht immer leicht,
es zu schaffen, dass man sein Ziel erreicht.
Habe mal ausnahmsweise den Bus genommen,
nichts ahnend, was da kann noch kommen.
Er fährt plötzlich eine andere Strecke,
ich mich jetzt total erschrecke.
Sitze ich möglicherweise im falschen Bus,
so ist Busfahren wirklich kein Genuss.
Eine Baustelle birgt viele Gefahren,
darum muss er einen Umweg fahren.
Doch leider gibt es keine Informationen,
und das könnte sich in diesem Fall echt lohnen.
Irritiert springe ich an der nächsten Haltestelle raus,
wo bin ich, kenne mich erstmal gar nicht aus.
Bin panisch und ohne jeden Plan,
komme ich da wo ich hin will, jemals an?
Und wie komme ich überhaupt wieder nach Hause,
ich ganz schnell zur anderen Straßenseite sause!
An dieser Haltestelle aber keine Info steht,
ahnungslos wie es jetzt weitergeht.
Ich suche die nächstliegende Haltestelle auf,
und da steht tatsächlich ein Hinweis drauf.
Ich muss zur nächsten Haltestelle gehen,
kann nicht glauben, was ich da bekam zu sehen.
Diese Haltestelle ist für den Verkehr gesperrt,
der Weg nach Hause wird mir brutal verwehrt.
Ich soll mir in der Nähe eine Haltestelle suche,
es fällt mir schwer, nicht lauthals zu fluchen.
Planlos, verzweifelt irre ich umher,
die Ruhe zu bewahren, geht nicht mehr.

Ich laufe, einst wo ich ankam, dahin zurück,
vielleicht hat mich nicht ganz verlassen, mein Glück.
Und tatsächlich kommt da an, der richtige Bus,
mit meiner Odyssee ist nun Gott sei Dank Schluss.
Den Grund meiner Fahrt habe ich vergessen,
bin glückselig, erleichtert nur dagesessen.
Dies was hier von mir wird berichtet,
habe ich mir nicht zurecht gedichtet.
Ein dreifach Hoch auf den öffentlichen Nahverkehr,
wo sonst nähme ich den Stoff für dieses Gedicht her!

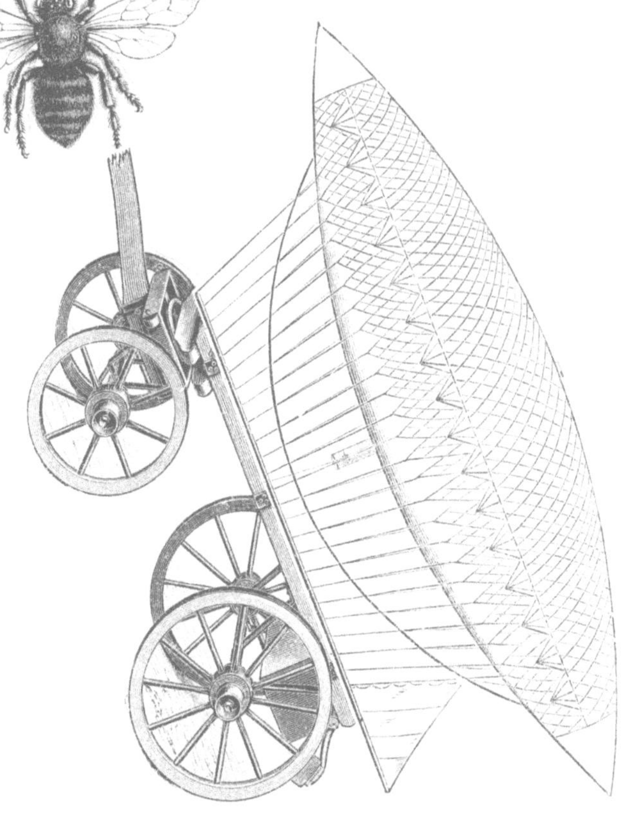

Hetzerei

Hetzerei, Hetzerei,
nie habe ich richtig frei.
Ständig gibt es etwas zu tun,
komme kaum dazu, mich auszuruhen.
Da ist die viele Arbeit und die Kinder,
dazu die Haustiere, die stressen nicht minder,
Um meinen Freund muss ich mich auch kümmern,
sonst fängt der an, ständig rum zu wimmern.
In meiner knapp freien Zeit, treibe ich Sport,
damit nicht alles komplett in mir verdorrt.
Ich muss auch noch meine Freundschaften pflegen,
erschöpft sein kommt mir da nicht gerade gelegen.
Zu oft aber bin ich in letzter Zeit völlig geschafft,
hänge auf dem Sofa rum, total abgeschlafft.
Ruft aber mal meine beste Freundin an,
ich bin total müd, gehe trotzdem dran.
Am Wochenende sind meine Kinder beim Vater,
da habe ich zu Hause nur noch meinen Kater.
Jetzt kann ich endlich richtig Gas geben,
und voll nach meinen Bedürfnissen leben.
Bewundert werde von vielen Leuten ich,
doch einige versetzen mir auch einen Stich.
Sie meinen, dass ich zur Übertreibung neige,
und deutlich Anzeichen von Schwäche zeige.
Nur kann ich mich vorläufig nicht damit befassen,
sie sollen gefälligst mich einfach in Ruhe lassen.
Ich will mein Leben jetzt genießen,
das lasse ich mir durch nichts verdrießen.
So geht sie mit dem Kopf durch die Wand,
verweigert jede ihr sich bietende helfende Hand.
Und so bleibt es weiter dabei,
Hetzerei, Hetzerei, niemals frei.

Der Maulbeerbaum

Bei uns steht ein wundervoller Maulbeerbaum,
so schön, doch für mich ist er ein Albtraum.
Seine Äste hängen über der Terrasse,
zu bestimmter Zeit, ich dies fast hasse.
Denn wenn der Baum seine Früchte trägt,
wo man dann hintritt, gehört sehr gut überlegt.
Täglich lädt der Baum ab seine süße Last,
mir das überhaupt nicht in den Kram passt.
Er diese über den ganzen Bereich verteilt,
und mich immer das gleiche Schicksal ereilt.
Wie Tretminen liegen sie auf den Boden rum,
jeden Morgen das gleiche, das nehme ich ihm krumm.
Vollführe wahrhaft regelrecht einen Eiertanz,
habe echt genug mit diesem ganzen Firlefanz.
Trete ich auf eine drauf und bekomme es nicht mit,
so kann es böse Folgen haben, nur dieser eine Tritt.
Denn gehe ich darauf ahnungslos in das Haus,
sieht der weiße Teppich nicht mehr sehr gut aus.
Er ist mit blauen Flecken unschön verziert,
nicht nur ich bin darüber sehr pikiert.
Der Geschmack der Beeren ist sinnlich, fein,
aber in meinem Mund kommt mir keine rein.
Auch ohne, dass ich sie esse, bin ich von Sinnen,
mich kann man dafür keinesfalls gewinnen.
Ich mag diese Beeren ganz einfach nicht,
und liebend gerne von Herzen darauf Verzicht,
zudem auch noch, blaue Zunge und blaue Hände,
hoffe die dämliche Beerenzeit ist bald zu Ende!

Vereitelt

Herrjeh, es klingelt an der Tür,
träum ich noch oder bin ich schon wach,
wer will denn so früh was von mir,
vollführt um diese Zeit so einen Krach?

Schäle mich aus meiner Decke,
stoße mir am Bettpfosten an meinen Zeh,
ich schrecklich mich erschrecke,
und außerdem tut es verdammt weh.

Die Klingel schon wieder schrillt,
da hat jemand voll einen Knall,
mein kleiner Zeh pocht wie wild,
die Zeichen stehen klar auf Krawall.

Humple zu hin meiner Türe,
mache sie vorsichtig einen Spalt auf,
schlaftrunken, noch etwas wirre,
halte ich mich fest an meinem Türknauf.

Den Morgenrock fest verknotet,
ich den Flur hinab ich blicke,
die Lage erstmal ausgelotet,
bevor es kommt ganz dicke.

Doch niemand ist zu sehen,
es ist still, im ganzen Haus,
muss wohl um die Ecke gehen,
aus meiner Wohnung raus.

Kaum draußen, ein lauter Knall,
meine Tür ist zugefallen,
noch ist zu hören des Knalles Hall,
bin meine Fäuste am Ballen.

Plötzlich steht mein Nachbar im Flur,
den niemand besonders leiden kann,
Schadenfreude im Gesicht, pur,
fängt er hämisch zu grinsen an.

Doch musste ich verderben ihm die Freude,
ich hatte den Schlüssel in meiner Hand,
ich keine Zeit mehr mit ihm vergeude,
er nun ungläubig staunend vor mir stand.

Ich habe ihm die Schadenfreude genommen,
die er so gerne hätte intensiv genossen,
bin unbeschadet in meine Wohnung gekommen,
er stand noch da, wie ein Pudel so begossen.

Lasse Deine
Gedanken fließen.

Untreu

Von Zeit zu Zeit gehe ich fremd,
ganz schamlos und völlig ungehemmt.
Habe es nicht wirklich so mit der Treue,
mich reizt von Natur aus, stets das Neue.
Ich kenne auch kein schlechtes Gewissen,
das würde mir meine Freude nur vermiesen.
Für mich ist das Fremdgehen, durchaus normal,
mein Problem ist oft, die Qual der Wahl.
Ich wechsle nun halt mal gerne die Seiten,
das sollte niemanden Kummer bereiten.
Was Festes habe ich zwar seit langem schon,
bin auch sehr zufrieden, ich das ausdrücklich beton.
Speise einfach gerne an einem anderen Tisch,
esse nicht immer nur Fleisch, auch gerne mal Fisch.
Kann sein, dass dies ihr wird nicht behagen,
doch es hilft nichts, sie muss es ertragen.
Ich fühle mich wirklich extrem wohl bei ihr,
doch es gibt Kneipen, da schmeckt es auch mir.
Hoffentlich hat jetzt niemand falsches von mir gedacht,
weil mir diese Art von Fremdgehen viel Freude macht.

Bald

Bald wir in den Urlaub fahren,
der erste gemeinsame seit vielen Jahren.
Lange war es für uns nicht möglich,
dafür die Mittel einfach waren zu kläglich.
Haben eisern darauf gespart,
für diese unsere Urlaubsfahrt.
Das Auto noch in der Werkstatt gecheckt,
nicht dass es während der Fahrt uns verreckt.
Die Koffer stehen schon gepackt in der Ecke,
wir brauchen für den Hund noch eine Decke.
Der Campingplatz ist schon lange gebucht,
unser Zelt aufgebaut und nach Fehlern gesucht.
Sind unsere Luftmatratzen noch dicht,
wäre sehr ärgerlich, wenn nicht?
An so vieles muss man noch denken,
wir müssen uns aber auch einschränken.
Unser Auto nicht gerade das größte ist,
ginge nicht alles rein, wäre das Mist.
Über vieles sich noch Gedanken gemacht,
noch gegrübelt in mancher schlaflosen Nacht.
Jetzt ist aber nur noch eines zu sagen,
endlich geht es los, in wenigen Tagen.
Hoffen, dass alles gut wird funktionieren,
und nicht irgendwelche Katastrophen passieren.

Alter

Ich höre nicht gerne, alter Mann,
dies ich keinesfalls leiden kann.
Zwar bin älter, doch fühle ich mich nicht so,
bin immer noch sehr munter und lebensfroh.
Stehe nach wie vor, mitten drin im Leben,
und lass mir sicher nicht den Passierschein geben.
Alter Mann, was willst du denn noch hier,
deine Zeit ist um, merke gut das dir.
Du wirst immer mehr und mehr zur Last,
interessiert uns nicht, was du zu sagen hast.
Zum Autofahren bist du schon zu senil,
da ist nur einer von euch schon zu viel.
So sprechen einige jüngere Leute,
vergessen, dass es nicht ewig ist, ihr heute.
Dass auch sie irgendwann alt werden sein,
hoffentlich sind jüngere dann nicht so gemein.
Ich möchte weiterhin zur Gesellschaft gehören,
und nur weil ich alt bin, von allem abschwören.
Ich habe noch zu vielem verdammt viel Lust,
bin auch nicht die Müllhalde für deren Frust.
Ich sage nicht junger Spund und ihr Alter Mann,
respektvoller Umgang, so sind wir alle am besten dran!

Gewalttägige Liebe!

Lasse meine Hand nicht los, sonst bin ich verloren.
Lasse meine Hand nicht los, es macht mich verworren.
Lasse meine Hand nicht los, halte dich fest daran.
Lasse meine Hand nicht los, mit dir fängt mein Leben neu an.

Deine Hand, ist mein Ankerplatz.
Deine Hand, ist mein sicherer Hafen.
Deine Hand, mein größter Schatz.
Deine Hand, lässt mich ruhig schlafen.

Halte meine Hand, ich über dich wache.
Halte meine Hand, ich dir mein Leben vermache.
Bist unbezahlbar, für kein Geld auf dieser so grausamen Welt,
meine Heldin, meine Retterin, du bist das Einzige was zählt.

Erquicklich

Der Kaffee super lecker, genial toll,
meine Tasse war zum Überlaufen voll.
Auch alle Tische waren gut besetzt,
wir bekamen noch einen, zu guter Letzt.
Alle möglichen Leute, so wie du und ich,
trafen an diesem Ort, zum Verwöhnen sich.
Einheimische wie auch Touristen,
sich da liebend gerne dort einnisten.
Vom Schnitzel Parisienne bis hin zur leckeren Torte,
konnte man ungehemmt schlemmen an diesem Orte.
Viele Liebespaare, auch ganze Motorradcliquen,
gleichermaßen sich daran genüsslich erquickten.
Obwohl viel Betrieb, wars auch ein Ort der Beschaulichkeit,
an dem ich mehrmals verbracht habe meine Urlaubszeit.

Du nicht!

Du hast mir gar nichts mehr zu sagen,
ich brauche auch nicht andauernd fragen.
Bin schon lang erwachsen genug,
und mindestens schon genau so klug.
Was sollte ich von dir schon groß wollen,
dass was mir zusteht, kann ich mir auch so holen.
Du hast für mich zu sorgen, das ist deine Pflicht,
aber über mich zu bestimmen ganz sicher nicht.
Kannst weiter schikanieren, wen immer du willst,
nur nicht mich, damit du deinen Machthunger stillst.
Ich will auch gar nicht, dass du mich irgendwie verstehst,
will nur eines, nämlich, dass du aus meinem Zimmer gehst.
Glaube mir, ich kriege das sicher alleine hin,
Hauptsache ist nur, du hängst da nicht mit drin.
Sobald ich kann, ziehe ich hier gewiss aus,
verlasse für immer dies furchtbare Haus.
So ist es in manch Familien zu hören,
Eltern sind immer nervig, sie in allem stören.
Doch irgendwann, zumindest meist, ist der Zeitpunkt nah,
da ist es dann mitunter sehr hilfreich, da sie sind da.
Sind diese Sturm – und Drangzeiten dann irgendwann vorbei,
versteht man die Eltern vielleicht und deren Quengelei.

Trauriger Hund

Vor dem Supermarkt sitzt ein Mann mit Hund,
und das hat einen sehr triftigen Grund.
Der Hund darf nicht mit in den Laden hinein,
darum ist der Hund mit seinem Herrchen allein.
Fifi kann das überhaupt nicht verstehen,
das ist zum Teufel auch nicht einzusehen.
Unruhig springt er hin und her,
man merkt, er leidet sehr.
Sein Frauchen läuft im Laden rum,
er nimmt ihr das ziemlich krumm.
Die Zunge hängt ihm tropfend zum Halse raus,
Herrchen kämpft verzweifelt, hält es kaum aus.
Ob sie jemals, so der Hund, noch erscheint,
er aufs jämmerlichste winselt und weint.
Seine Rute hängt ihm traurig zwischen den Beinen,
sie kann das, so seine Angst, doch im Ernst nicht meinen.
Ihn und auch das Herrchen hat sie verlassen,
das ist unglaublich, einfach nicht zu fassen.
Ah, da ist sie, er fängt an zu zappeln,
kann sich kaum noch berappeln.
Doch die geht achtlos an ihm vorbei,
kümmert sich nicht, so eine Schweinerei.
Das dies nicht sein Frauchen war,
war dem Hund erst so nicht klar.
Doch dann endlich, erscheint sie in voller Pracht,
das Tierchen vor Freude fast Purzelbäume macht.
Jetzt ist die Welt für beide wieder ganz heile,
schwer hoffend, dass sie nie mehr von dannen eile.

Klare Sicht

Ich habe von mir ein klares Bild,
stelle mich dar im besten Licht,
andere benehmen sich vogelwild,
doch so wie die, bin ich nicht.

Ich bemängle und kritisiere,
betrachte alles wie unter einer Lupe,
habe die Neigung, dass ich missioniere,
mein allerbester Freund ist die Hupe.

Ich kenne die Regeln sehr genau,
achte immer auf die Gesetze,
sehr scharf ich auf andere schau,
wehe, wenn jemand sie verletze.

Verbotenes scheint sie zu motivieren,
Ignoranz ist deren zweites ich.
Es scheint sie nicht zu interessieren,
verdammt nochmal, das verärgert mich.

Ich lasse jetzt auch mal die Sau raus,
zeige ihnen wo der Hammer hängt,
drängle mich frech vorbei an Staus,
mir egal, was jemand darüber denkt.

Warum soll ich die Regeln achten,
wenn es anderen ist so egal,
werde es in Zukunft so betrachten,
wenigstens von Mal zu mal.

Aber da ist mein Gewissen,
und mir meine ach so wichtige Ehre,
ich würde es gerne an mir vermissen,
wenn ich nicht so Oberkorrekt wäre.

Unser Erbe

Igitt, in dem See schwimmen ja Fische,
die kennt das Kind bisher nur bei Tische.
Die ja so schleimig und eklig sind,
manches Kind dies befremdlich find.
Fischstäbchen sind allseits beliebt und bekannt,
sind in der Tiefkühltruhe geboren, so oft der Wissensstand.
Das sie einst quicklebendig in den Meeren schwammen,
auf diese Idee sicher so einige gar nicht kamen.
Wird aber das den Kids so richtig bewusst gemacht,
kann es passieren, dass dann darüber wird nachgedacht.
Tausende Tiere täglich, müssen ihr Leben geben,
damit wir daran gut verdienen und davon leben.
Fleisch, Milch, Fisch und mehr finden wir im Kühlregal,
wo es tatsächlich herkommt, ist vielen einfach egal.
Gedankenlos wir so konsumieren,
zum Leidwesen von diesen Tieren.
Deren Leben ist doch nichts wert,
sie werden ohnehin von uns verzehrt.
Unseren Nachwuchs das nahe zu bringen,
so dass es in ihr innerstes kann dringen.
Mit Würde und Demut damit umzugehen,
es zu erlernen und auch zu verstehen.
Es ihnen klar und deutlich zu machen, es zu vererben,
dies nicht selbstverständlich ist, dass Tiere für uns sterben!

Darunter

Was lauert dort unten an des Seengrunde,
gäbe es da vielleicht ganz besondere Funde.
Haifische wird es da sicher nicht geben,
aber irgendetwas wird da unten wohl leben.
Ganz sicher gibt es da viele Algen,
die um etwas Fressbares sich balgen.
Und viele Fische, die diese gerne fressen,
doch für die anderen sind das auch Delikatessen.
Wahrscheinlich gibt es ganz dicke Brummer,
die den kleinen bereiten großen Kummer.
Auch Krebs und Krebschen sich da tummeln,
und Muscheln, die am Seengrunde bummeln.
So genau will ich es aber gar nicht wissen,
es hat auch einen Grund, nämlich diesen.
Vielleicht ginge ich da nicht mehr baden,
könnte ja eines der Lebewesen mir schaden.
Denn beißt mir so ein großer Wels in den Zeh,
dass täte mir, so vermute ich, saumäßig weh.
Doch ahne ich, da unten sehr wertvolles Leben ist,
die Menschheit, so auch ich, das allzu gerne vergisst.

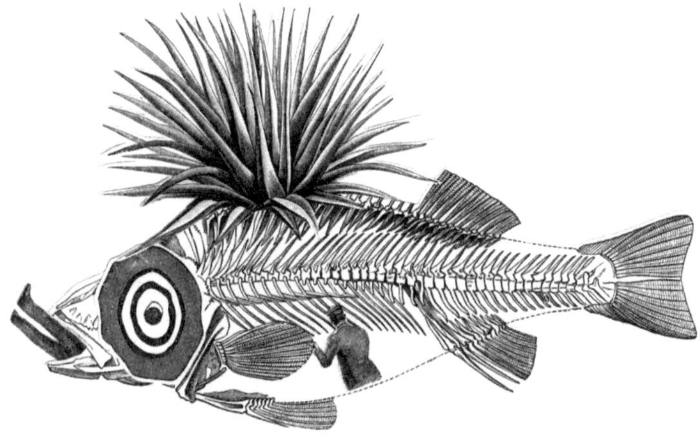

Panik

Am besten gebe ich auf,
komme einfach nicht drauf.
Wie hieß denn der nochmal,
dies ist nun schon echt fatal.
Nur ein paar Jahre mal nicht gesehen,
das sollte eigentlich nicht geschehen.
Habe seinen Namen nicht mehr präsent,
mir das sehr unter den Nägeln brennt.
Es liegt mir auf der Zunge, will nicht raus,
ist mir furchtbar peinlich, echt ein Graus.
Es kommt immer öfter vor, dass so etwas passiert,
mein Hirn immer mehr an Substanz verliert.
Ich lass das Nachdenken einfach mal sein,
er fällt mir jetzt ja ganz sicher nicht mehr ein.
Nach einer Weile, ich am Herd beim Kochen bin,
kommt der Name mir, wie von selbst in den Sinn.
Will ich unbedingt etwas sofort erzwingen,
ist es unwahrscheinlich, dass es wird gelingen.
Verzweifelt denke ich von mir, was bin ich blöd,
meine Welt erscheint mir plötzlich leer und öd.
Glaub fast schon, Alzheimer klopft an,
bin verdammt nah an dem Thema dran.
Aber dies mein Leben lang mir immer mal passiert.
habe ich verdrängt, bin viel zu sehr verwirrt,
Doch mit der steigenden Zahl von Jahren,
steigt in mir die Angst vor den Gefahren.
Weil ich mal etwas vergessen habe,
ich mir selbst gleich eine Grube grabe.
Doch ist es von Sinnlosigkeit geprägt,
nicht wissend, wann meine Stunde schlägt.

Erwachen

Alles schläft noch tief und fest,
nur ich nicht, sitze vorm Zelt,
genieße die himmlische Ruhe,
sie nicht besonders lange hält.

Die Sonne hält sich auch noch bedeckt,
kommt nur ganz gemächlich hervor,
die ersten Reißverschlüsse surren,
Vögel zwitschern munter im Chor.

Schritte schlurfen langsam in Richtung Clo,
so nach und nach der Platz erwacht,
immer mehr aus ihren Zelten kriechen,
nicht jeder hatte eine ruhige Nacht.

Eine Autotür laut zuknallt,
die Wolken haben sich verzogen.
Sonnenstrahlen mich sanft erwärmen,
die Stille des Morgens ist nun verflogen.

Kaffeeduft kommt von nebenan,
erweckt in mir großes Verlangen,
Glockengeläute aus dem nahen Dorf,
kaum schöner könnte ein Tag anfangen!

Mängelliste

Kein Papier in der Toilette,
den lieben langen Tag dieser Lärm,
die vielen Kinder und deren Getöse
bringt zum Rumoren mein Gedärm.

Vom frühen Morgen, bis spät in die Nacht,
ständig das fremdländische Gedudel,
meine Nerven völlig dauerhaft überstrapaziert,
jetzt pinkelt an mein Zelt auch noch ein Pudel.

Den ganzen Tag dies Gekläffe,
von den vielen Hunden hier vor Ort,
Grills rauchen ungestüm permanent,
am liebsten lief ich von hier fort.

Überall hier nur Unkraut wächst,
dazu noch diese so lästigen Mücken,
nirgendwo findet man Schatten,
dieser Platz ist voller Tücken.

Wenn dies nicht alles wäre,
könnte Zelten schön ja sein,
die Natur steril sein müsste,
und keine Menschen, nur ich allein!

Gerade noch

Gerade noch gut gelaunt,
und jetzt dieser Wahnsinnssound.
Techno hämmert mir in mein Gehirn,
zerfurcht vor Ärger meine Stirn.
Jede Faser meines Körpers rebelliert,
alle in mir brummt und vibriert.
Unkontrolliert meine Glieder zucken,
mein System fängt an zu mucken.
Viel zu laut und hektisch dies ist,
gefühlt, es mich von innen zerfrisst.
Mein Trommelfell gibt auf den Geist,
dauert nicht mehr lang bis es reißt.
Möchte mich über den Krawall beklagen,
traue mich aber nicht etwas zu sagen.
Es ist die Musik der heutigen Zeit,
zu meinem ganz persönlichen Leid.
Doch irgendwann war es mir einfach genug,
vielleicht war mein Handeln da nicht klug.
Voll von Zorn habe ich sie angebrüllt,
dies auszuhalten, war ich nicht mehr gewillt.
Doch wie sie dann haben reagiert,
das hat mich schon sehr irritiert.
Ich war voll zum Kampf bereit,
habe erwartet heftigen Streit.
Es gab nicht die harte Konfrontation,
sie drehten einfach leiser den Ton.
Sie sagten, sie hätten das nicht so gewollt,
und ich das nächste Mal einfach was sagen sollt.
Musst erfahren, bevor man mit Gewalt etwas zerlegt,
ist es gut möglich, man mit leisen Tönen viel mehr bewegt!

www.suchestreit.de

Hallo, Hallo, ich suche Streit,
hat irgendjemand für mich Zeit?
Wer kann meine Streitlust stillen,
zu streiten, um des Streites Willen.
Jedes beliebige Thema ist mir recht,
Hauptsache, es kommt zum Streitgefecht.
Ich würde auch mit mehreren streiten,
lasse mich liebend gerne dazu verleiten.
Auf keinen Fall darf jemand schlichten,
es würde das Ganze nur zu Grunde richten.
Der absolute Wille zur Konfrontation,
ist elementar, ich dies ausdrücklich beton.
Die Ausdauer beim Streiten ist auch sehr wichtig,
es zwischendrin abzubrechen, wäre nicht richtig.
So richtig aus dem Bauch, laut und deftig
mit echter Wut, gerne richtig heftig.
Also, wer zum Streiten ist wirklich bereit,
meldet euch, ich bin zu jeder Zeit soweit.

Kapriolen

Gewitterwolken ziehen über das Land,
glühend heiß der Sand vom Strand.
Die Schwüle drückt sehr aufs Gemüt,
überhitzt wird so manches Geblüt.
Mancher Kreislauf tief in den Keller sinkt,
der Wind auch kaum noch Abkühlung bringt.
Von Ferne hört man das erste Donnergrollen,
es gibt welche die aus Angst sich lieber trollen.
Verkriechen sich vorher in einen Unterstand,
haben die aufkommende Gefahr rechtzeitig erkannt.
Andere wieder völlig unbekümmert sind,
fürchten weder Sturm, Blitze und den Wind.
Doch plötzlich wie von unsichtbarer Hand,
wird sie weggeschoben die Gewitterwand.
Erbarmungslos brennt herunter nun die Sonne,
ein schattiges Plätzchen wäre jetzt eine Wonne.
Nur die ganz wenigen sind schnell besetzt,
Pech gehabt, wer da kommt zu allerletzt.
Eigenartig kurios, es wird dunkel wie die Nacht,
und schon es donnert, blitzt und kracht.
Wie aus hunderten Eimern es nun gießt,
von Himmel, es Hagelkörner schießt.
Es kommt zur wilden panikartigen Flucht,
jeder der kann, einen trockenen Platz sich sucht.
Außer den Naturgeräuschen, ist es totenstill,
auf der Wiese steht nur einsam ein rauchender Grill.

Sinnlos

Utopisch daran zu glauben,
man kriegt ein sich verändern hin,
sich der Wahrheit zu berauben,
ergibt wirklich keinen Sinn.

Für eine gewisse Zeit mag es ja klappen,
vielleicht sogar auch mal richtig lang,
es sind aber letztendlich nur Etappen,
bestehen bleibt stets der innere Drang.

So wie ein Pulverfass,
extrem auf sich fokussiert,
mit brodelndem Hass,
hoffend das es nicht explodiert.

Keine Chance es los zu werden,
schläft nie, ist immer auf der Lauer,
verursacht allseits große Beschwerden,
von Mal zu Mal wird die Welt grauer.

Immer man wieder, von vorne beginnt,
weil man so nicht leben will und kann,
der Glaube an sich selbst verrinnt,
es lässt sich nicht lösen dieser Bann.

Obwohl man schuldlos ist,
lädt man große Schuld auf sich,
es hilft kein tricksen, keine List,
ist Opfer und Täter unter dem Strich.

Der Brunnen

Mit viel Mühe etwas aufgebaut,
und in Sekunden alles versaut.
Zu schnell die Beherrschung verloren,
das Unheil von neuem wieder geboren.
Fassungslos man vor den Scherben steht,
mit dem Wissen, dass so etwas einfach nicht geht.
Wieder alles gründlich verbockt,
sitzt man da zornig und verstockt.
Sein Unrecht man vehement verteidigt,
ist zu aller tiefst auf das schwerste beleidigt.
Schließlich wurde man provoziert,
doch logisch, wenn so etwas passiert.
Von Einsicht erst mal keine Spur,
die allseits altbekannte Tour.
Später geht es dann hinab ins Jammertal,
und dies ist alles nicht mehr so normal.
Dann folgen Tage voller Leid und Reue,
der gleiche Film immer aufs Neue.
Irgendwann sich die Wogen auch mal glätten,
grad so, als nie Probleme bestanden hätten.
Alles erfolgreich nach hinten verdrängt,
am besten, wenn man nicht mehr daran denkt.
Das der Mitbetroffene nicht so schnell vergisst,
wenn es sich immer wiederholt, dieser blöde Mist.
Aber irgendwann wird die Belastung zu viel,
und dann stirbt auch jedes gute Gefühl.
Der Krug geht solange zum Brunnen bis er bricht,
darum wäre es sehr gescheit, man vergisst das nicht.

Alles blöd

Eh, Mann mir ist so fad, so öd,
mir ist saulangweilig, alles blöd.
Weiß ich nicht was ich anfangen soll,
was ich machen könnte ist nicht toll.
Zu dem fehlt mir auch zu allem die Lust,
aufgestaut ist mittlerweile mein Frust.
Auch all meine Freunde haben keine Zeit,
sie zu treffen, zu selten die Gelegenheit.
Ein Buch zu lesen macht mir keinen Spaß,
spazieren gehen, es regnet, viel zu nass.
Zum Shoppen fehlt mir das nötige Geld,
gemein und voll ungerecht, ist diese Welt.
Um Sport zu treiben wird mir zu schnell heiß,
im Greisenalter nicht so gesund wie jeder weiß.
Musik hören, dass immer nur leise, zieht mich runter,
davon wird meine graue Welt auch nicht bunter.
Mir fehlt jede Idee habe keinen Plan,
was ich mit meiner freien Zeit machen kann.
Ich lege mich besser einfach nochmal hin,
das ergibt vielleicht noch einen Sinn.
Zu träumen, was meine Langeweile vertreibt,
das ist das Einzige was mir noch bleibt.

Zweckgebunden

Wer kennt das nicht von Zeit zu Zeit,
zweckgebundene Freundlichkeit.
Die Bedienung, die einen nicht gut bedient,
das wird mit wenig oder null Trinkgeld gesühnt.
Der Vertreter schmiert einen Honig um den Bart,
denn der Kampf um Provisionen ist knallhart.
Im Autohaus wird man umgarnt und umworben,
wenn man kein Auto kauft ist man für sie gestorben.
Die Bäckersfrau ihre Ware mit süßem Lächeln anpreist,
obwohl der Job ihr tierisch geht auf dem Geist.
Dein Vorgesetzter ist ein widerlicher Schweinehund,
ihm ihn in das Gesicht zu sagen, wäre nicht gesund.
Wenn zweckgebundene Freundlichkeit nicht wär,
wäre das miteinander doch unheimlich schwer.
Tagtäglich, zeigen wir ein falsches Gesicht,
denn andere Möglichkeiten gibt es nicht.
Es ist für die meisten existentiell,
sonst steht man im Abseits, sehr schnell.
Doch irgendwie ist aber auch Ehrlichkeit gefragt,
dann mal klar aber deutlich seine Meinung sagt.
Zweckgebundenheit in so einer schwierigen Sache,
man sich das Leben damit nicht leichter mache.
Nur ewig kann man sich auch nicht verbiegen,
und immer wieder diesen Zwang zu unterliegen.
Bei vielen ist natürliches freundlich sein gegeben,
sie müssen weniger oft zweckgebunden leben.
Beneidenswert, das muss ich ehrlich sagen,
dass man dies so kann, an allen Tagen.
Sich nicht ständig zu verstellen brauchen,
im freundlichen Ton auch mal pfauchen.
Freundlich und Offen sein, zu jeder Frau, zu jeden Mann,
bei mir meist zweckgebunden, weil anders ich nicht kann!

Lieber Mensch

Ich würde es gerne vermeiden,
dass immer andere durch mich leiden.
Habe mich einfach nicht immer in Griff
So vieles in total falsche Bahnen verlief.
Und doch mache ich in der Situation nicht halt,
obwohl ich von Herzen verabscheue jede Gewalt.
Werde sehr zornig und brülle in der Gegend herum,
benehme mich selten dämlich, einfach nur dumm.
Doch dann aufzuhören schaffe ich leider nicht,
mein Kopf ist abgeschaltet, alles ist dicht.
Mit viel wahrer Liebe so viel aufgebaut,
in Sekundenschnelle habe ich es versaut.
Bin ein absolut hoffnungsloser Fall,
ein lieber Mensch mit einem Wahnsinnsknall.

Nur der Tod

Warum es immer ihm geschieht,
sein Seismograph nie funktioniert.
Vernunft sich ihm entzieht,
wenn es in ihm schlagartig detoniert.

Eben noch alles in Ordnung ist,
kein Zeichen von Unruhe zu spüren,
es verbirgt sich mit großer List,
um ihn in die Irre zu führen.

Ohne Vorwarnung, es seinen Weg sich bahnt,
in ungeahnt rasender Geschwindigkeit,
er es im Geringsten nicht bemerkt oder ahnt,
nimmt jeden Raum ein, macht sich breit.

Nichts ist mehr da, was noch kurz vorher war,
alles wird ohne Erbarmen in Frage gestellt,
vergessen sind all die schönen Jahr,
und vieles ist schlecht, was einst hat gezählt.

So wütet der Sturm unaufhörlich,
sein Irrsinn hat über ihn Gewalt,
es ist für alle einfach unerklärlich,
er hört nicht auf, macht nicht Halt.

Irgendwann löst der Wahnsinn sich auf,
der Sturm sich nach und nach legt,
man verlässt sich besser nicht darauf,
es brodelt in ihm, ständig unentwegt.

Präsent die Angst, wenn es wieder passiert,
sie ist gegenwärtig auf beiden Seiten,
von Mal zu Mal er den Glauben an sich verliert,
sehr nah dran, sich selbst das Ende zu bereiten.

Gescheitert ist er viel zu oft,
nicht eines der vielen Unterfangen führte ans Ziel,
vergebens, verzweifelt, gehofft,
nur der Tod kann es beenden, sonst bleibt nicht viel!

Ich dachte

Ich dachte als Rentner hätte ich mehr Zeit,
hatte Angst davor, dass Langeweile macht sich breit.
Doch ganz weit habe ich danebengelegen,
dass es anders kommt, sprach viel dagegen.
Erstmal hatte ich so gut wie keinen Plan,
was ich mit meiner freien Zeit fing an.
Die ersten Monate auch rumgehangen,
wusste mit mir nicht viel anzufangen.
Aber dann hat sich das Blatt komplett gedreht,
und ab dem Moment ein ganz anderer Wind weht.
Unterwegs, von früh morgens, bis abends spät,
ist aber jetzt nicht so, dass ich viel Arbeiten tät.
Irgendwie sind meine Tage brockenvoll,
manchmal finde ich es auch gar nicht so toll.
Aber es ist auch schön, so ausgefüllt zu sein,
nicht irgendwo rumzuhängen, mutterseelenallein.
Ich habe immer irgendwelche Pläne und Ideen,
bin neugierig, möchte unbekannte Wege gehen.
Gedanklich bin ich unentwegt auf Reisen,
möchte mir auch selbst noch etwas beweisen.
Natürlich bleibt mir auch Zeit zum rasten,
will jedoch auf keinen Fall mich überlasten.
Ich hoffe, dass es noch lange so weiter geht,
nach Müßiggang der Sinn mir gar nicht steht.
Genießen werde ich in vollen Zügen jeden Tag,
genauso, mein jetziges Leben ich liebe und mag.

Auf einmal

Es prasselt wieder mal alles auf mich ein,
gerade eben, war alles noch eitel Sonnenschein.
Unerwartet eine Nachricht kommt,
ich reagiere darauf, nicht gleich prompt.
Wollte erst mal in Ruhe überlegen,
schon weht mir ein heftiger Wind entgegen.
Es entsteht ein irrwitziges Wortgefecht,
plötzlich war es nie gut, alles nur schlecht.
Worte werden einen im Mund umgedreht,
egal wie man es sagt, der andere es falsch versteht.
Zweifel werden laut, am ehrlichen Willen,
weil man einen Wunsch kann nicht erfüllen.
Alles steht auf der Kippe,
auf und ab geht die Wippe.
Immer abstruser das ganze wird,
man den Glauben an sich selbst verliert.
Die Wellen immer höherschlagen,
weit weg, von sich wieder vertragen.
Irgendwann haben alle mehr keine Kraft,
ausgelaugt, man sich eine Pause verschafft.
Hoffnung ruht auf die nächsten Tage,
man vielleicht einen neuen Versuch dann wage.
Sorgenvoll bekümmert geht man in die Nacht,
wünscht sich nur, dass die Sonne bald wieder lacht.

Dritte Instanz

Man hat mir einen interessanten Vorschlag gemacht,
habe sehr intensiv und lange darüber nachgedacht.
Wäge sehr genau ab, dass für und wider,
der Zwiespalt in mir, drückt mich nieder.
Vielleicht ist viel zu hoch das Risiko,
wenn ich das nur wüsste, wäre ich froh.
Der eine sagt, lasse es sein,
gehe bloß nicht darauf ein.
Mach es, der andere mir sagt,
die mischen sich ein, ungefragt.
Wer nichts wagt, der nichts gewinnt,
ich einfach keine Antwort find.
Bin absolut unentschlossen,
es reizt mich, hätte es gern genossen.
Wenn es aber schief geht, was dann,
da hängt ja doch einiges dran.
Habe ich zu hoch gepokert, zu viel riskiert,
hätte ich mich, bis auf die Knochen blamiert.
Da ziehe ich lieber ein den Schwanz,
gehe besser erstmal auf Distanz.
Vielleicht werde ich es bereuen,
und überlege mir das vom Neuen.
So geht es mir immer wieder mal,
die Freuden der Entscheidungsqual.
Erst mir alles so toll und super erscheint,
aber mein Bauchgefühl es zu lassen meint.
Da streiten in mir der Kopf und der Bauch,
eine dritte Instanz, wäre das was ich brauch.

Vorbei

Jedes Wochenende sie gemeinsam beim Frühstück saßen,
munter plaudernd frische, knusprige Brötchen aßen.
Über alles wurde gesprochen, kam auf den Tisch,
oft sehr kontrovers aber auch erheiternd und frisch.
Der Tisch mit Leckereien immer reich gedeckt,
alle haben sich in Vorfreude die Lippen geleckt.
Aber dann die Kinder immer weniger Zeit dazu fanden,
und so die Treffen, nach und nach verschwanden.
Immer seltener wurden am Wochenende ihre Besuche,
es wiederaufleben lassen, vergebens alle Versuche.
Neue Beziehungen und noch vieles andere dazu,
da waren diese Zusammenkünfte ein alter Schuh.
Ihre Prioritäten waren nicht mehr die gleichen,
so musste das altgewohnte dem neuen weichen.
Familiengemeinsamkeit zur Seltenheit geworden ist,
eine Seite dies besonders schmerzlich vermisst.
Der Nachwuchs führt verstärkt sein eigenes Leben,
hat keine Zeit sich mit den übriggebliebenen abzugeben.
Es ist natürlich, auch verständlich, ein ganz normaler Verlauf,
dass man liebgewonnene Rituale dann irgendwann gibt auf.
So frühstücken sie auch am Wochenende nur noch zu zweit,
sehnen sich bisweilen, nach der vergangenen Gemeinsamkeit.

Warum nur?

Ist man in Armut und Elend geboren,
hat man vom Anfang an schon verloren.
Man strampelt sich ab um vorwärts zu kommen,
oft bleibt es nur bei dem Wunsch, den frommen.
Egal was man auch macht, man kommt nicht voran,
ganz anders sieht es aus, in manchen Staaten nebenan.
Hautnah bekommt man mit dem Überfluss,
hier herrscht Hungersnot, dort der pure Hochgenuss.
Schlimme Krankheiten, Seuchen sie sehr stark belasten,
leiden Durst, es steht nicht in jeder Ecke ein Wasserkasten!
Bürgerkriege, Naturkatastrophen, Despoten Herrschaft,
irgendwann reicht sie nicht mehr aus, der Menschen Kraft.
Sie sind zu weit weg, um sie zu erreichen,
schlecht gestellt für so viele sind die Weichen.
Groß die Sehnsucht, dies zu ändern,
auswandern zu den reichen Ländern.
Dorthin wo Milch und Honig fließt,
und jeder das Leben dort genießt.
Doch viele wollen die nicht haben,
sie ihnen vielleicht das Wasser abgraben.
So wie der schicksalshafte Würfel fällt,
bist du gut oder schlecht gestellt.
In einem Teil der Welt die Menschen verhungern,
in einem anderen, sie unzufrieden, satt, herumlungern.
Obwohl sehr viele Menschen aus aller Welt spenden,
schaffen wir es nicht, das Leid für immer zu beenden.
Der Mächtige schaut auf den Machtlosen mit Abscheu herab,
dieses seit Bestehen der Menschheit, es schon immer gab.
Ressourcen wären vorhanden, so mein Schluss,
eigentlich niemand durch Hunger sterben muss.
Vielleicht auch einfach ich zu blauäugig bin,
bin sicher in der Materie nicht so drin.

Ich sehe nur, dass einige in Geld ertrinken,
und die ärmsten der Armen immer tiefer sinken.
Wir leben hier bei uns schon sehr komfortabel,
ich finde es auch gut und doch ist es blamabel.
Wir befinden uns in einer ungerechten Welt,
viele werden diktiert von Despoten und deren Geld.
Vielleicht hat es ja etwas zu tun mit dem Sündenfall,
dass der Mensch, wird den Menschen zur Qual.

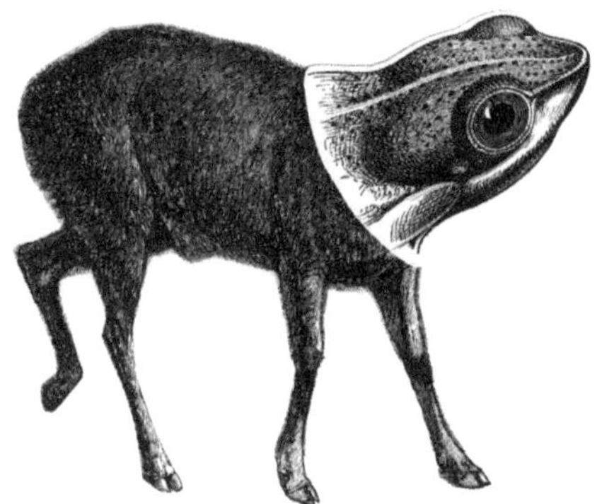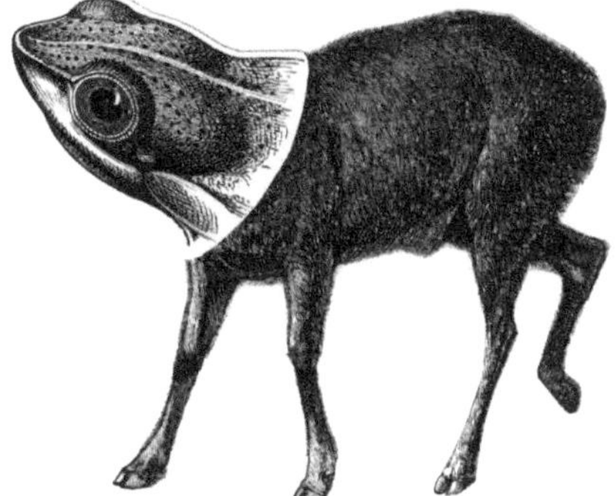

Habe mal

Habe mal so nachgedacht,
und mich selbst auf eine Idee gebracht.
Mal in eine andere Rolle schlüpfen,
so als Hund durch die Gegend hüpfen.
Weiß noch nicht, bin ich Weibchen oder Rüde,
auf alle Fälle bin ich wie ein Hund schon hundemüde.
Wie denkt ein Hund, ob er überhaupt denkt,
oder er nur durch seine Instinkte wird gelenkt.
Sicher kann er nicht denken, so wie wir,
es ist doch schließlich auch nur ein Tier.
Aber so ein Hündchen große Vorteile hat,
bin jetzt schon ein bisschen neidisch grad.
Ich versetze mich gedanklich in unseren Hund,
habe jetzt ein Maul und nicht mehr einen Mund.
Lauf auf vier Beinen durch mein Revier,
saufe jetzt Wasser, anstatt Wein oder Bier.
Muss mich nicht um mein Fressen kümmern,
habe ich Hunger, reicht ein winseln oder wimmern.
Ich auch so gut wie keine Langeweile kenne,
ist nichts los, lege ich mich hin und penne.
Wenn ich was will kann ich die tollsten Kunststücke machen,
sie werden ganz weich und ich krieg feine leckere Sachen.
Auch ansonsten ist mein Hundeleben recht fein,
ich denke so ans Gassi gehen, dies schon allein.
Ungeniert überall das Bein heben zu können,
wem es stört, ich muss mich nicht grämen.
Schließlich bin ich nur ein ganz normaler Hund,
markieren macht einen Spaziergang so richtig rund.
Hänge mit meiner Nase über den Boden ganz nah,
muss wissen wer sonst noch in meinem Revier war da.
Mein Gebell regt sie manchmal tierisch auf,
mir egal, ich setze da gerne noch einen drauf.

Wenn ich jemanden mag, wedle ich mit meinem Schwanz,
leider ist er nur sehr kurz, darum klappt es nicht so ganz.
Was ich aber auch noch verdammt gut kann,
ich schaue sie mit treuherzigen Augen an.
Dann bekomme ich von der Wurst ein Stück,
das ist mein ganz besonderer Trick.
Wie ein Esel bin ich manchmal stur,
und gehorche mit Widerwillen nur.
Sehr gerne ich auf der Fensterbank hocke,
die Postbotin mit meinem Bellen schocke.
Es gibt dann schon den einen oder anderen Grund,
dass ich nicht so leben möchte wie ein Hund.
Immer mit dem Schwanz wedeln um etwas zu erreichen,
passt gut zu unserem Hund aber nicht für meines gleichen.
So nachzufühlen, dass unser Hund ich wäre,
hat mir gefallen und war gar nicht so schwer.

Sorgenvoll

An allen Ecken es knirscht und kracht,
was mir doch sehr viele Sorgen macht.
Es sind so vielerlei Dinge,
mit denen ich mit mir ringe.
Da sind zu einem meine Kinder,
um die sorge ich mich nicht minder.
Aber auch das, was um mich herum so passiert,
mich des Öfteren immer wieder sehr irritiert.
Viele Handlungen verstehe ich nicht,
bei manchen mir fast das Herz entzwei bricht.
So vieles scheint mir überzogen, nicht mehr normal,
nicht nur hier bei uns, nein, wirklich schier überall.
Es ist so vieles aus den Fugen geraten,
wie gut es wir früher doch einmal hatten.
Im Gegensatz dazu, sind die Probleme riesig groß,
ich meine auch, so schnell werden wir die nicht mehr los.
Die Welt ist völlig durch einander gewirbelt,
sehr kompliziert verknotet und verwirbelt.
Haben anscheinend tatsächlich den Halt verloren,
so nach und nach scheint eine andere Kultur geboren.
Ich persönlich finde mich immer schlechter zurecht,
was wird uns vorgegaukelt, was ist da noch echt?
Ich will nicht mehr über den Tellerrand blicken,
habe Angst es wird mich auseinanderreißen, zerpflücken.
Ich darf es nicht mehr an mich so dicht ranlassen,
sonst werde ich ungerecht und fange an zu hassen.
Es gibt aber auch noch viel Gutes auf der Welt,
diese meine Hoffnung auf Wandel am Leben hält.

Fankultur?

Ich bin ein Anhänger, von einem Fußballverein.
doch da gibt es etwas, das finde ich ziemlich gemein,
Der Verein in meiner Geburtsstadt ansässig ist,
und da beginnt schon der unselige Zwist.
Ich wage es nicht, das Wappen auf mein Auto zu kleben,
könnte sonst eine unangenehme Überraschung erleben.
Den einige Fans diesen Verein so sehr hassen,
dass sie nicht die Finger von meinem Auto lassen.
Gerne würde ich, wem mein Herz gehört zeigen,
doch besser ist es für mich, dieses zu verschweigen.
Bei vielen der hiesigen Fans herrscht keine Toleranz,
darum verhalte ich mich still und bleibe lieber auf Distanz.
Mein Lieblingsverein gewinnt sehr oft, ist elitär,
das hinzunehmen, fällt vielen Leuten schwer.
Es ist aber kein Grund, da dann Randale zu machen,
und zu zerstören andersdenkenden ihre Sachen.
Wenn mein Klub verliert, ärgert es mich auch,
habe aber deswegen, noch lange keine Wut im Bauch.
Würde auch ganz sicher nicht in Tränen ausbrechen,
andere verprügeln und mich an ihnen rächen.
Es ist eine insgesamt sehr traurige Angelegenheit,
und es wird immer brutaler mit der Zeit.
Wenn man das Polizeiaufgebot bei einem Spiel sieht,
macht es mich nachdenklich, schlägt mir aufs Gemüt.
Auf mein Auto kommt weiterhin kein Aufkleber drauf,
bleib lieber anonym, das nehme ich dafür gerne in Kauf.
In meinen Herzen die Liebe zu meinem Klub immer besteht,
es ist ganz sicher, dass der Stern des Südens niemals untergeht.

Immer dran

Bin hoch motiviert,
es muss immer etwas geschehen,
mich so viel interessiert,
kann viele Weg auf einmal gehen.

Es ist nicht unbedingt meine Sache,
so vor mich im Müßiggang dahin zu leben,
ich immer irgendetwas mache,
muss mir stets die volle Breitseite geben.

Wenn dem mal nicht so ist,
werde ich unerträglich, zicke gehörig rum,
mein Alltag dann grau und trist,
Unruhe in mir, treibt mich stets um.

Ich gehe mir dann selbst auf den Geist,
meine Hände kribbeln, mein Kopf rotiert,
doch irgendwann legt es sich meist,
werde dann doch noch inspiriert.

Was ich brauche, ist nicht Auto waschen,
oder meine lästige Wohnungsreinigung,
auch das wegbringen leerer Flaschen,
ist nicht wirklich eine Befriedigung.

Nur im Bereich der Kreativität,
will unterwegs ich sein,
dafür leben, früh bis spät,
so stehe ich auf und schlafe ein.

Überwindung

Traue dich, wage es einfach mal,
zögere es nicht mehr hinaus,
gehe endlich mal aus dir raus,
beende deine unsägliche Qual.

Du drückst dich davor immer noch,
Mensch, du machst es dir so schwer,
fürchtest dich vor alledem so sehr,
befreie dich aus deinem Joch.

Ein Stück kann ich dich begleiten,
doch den Rest musst du alleine gehen,
du wirst sicher diese Prüfung bestehen,
und dir selbst eine große Freude bereiten.

Oh Mann, er hat es tatsächlich gemacht,
es ist, kaum zu glauben, ihm gelungen,
er ist von dem Brett runtergesprungen,
drei Meter, das hatte ich nicht gedacht.

Ich hätte das niemals gekonnt,
habe Höhenangst, bin viel zu feige,
anderen sehr oft den Weg ich zeige,
doch ich selbst versage prompt.

Kann mir das vielleicht auch mal gelingen,
meine Angst endlich zu überwinden,
aus der Blockade auch raus zu finden,
und lasse nicht andere für mich springen.

Jagdfieber

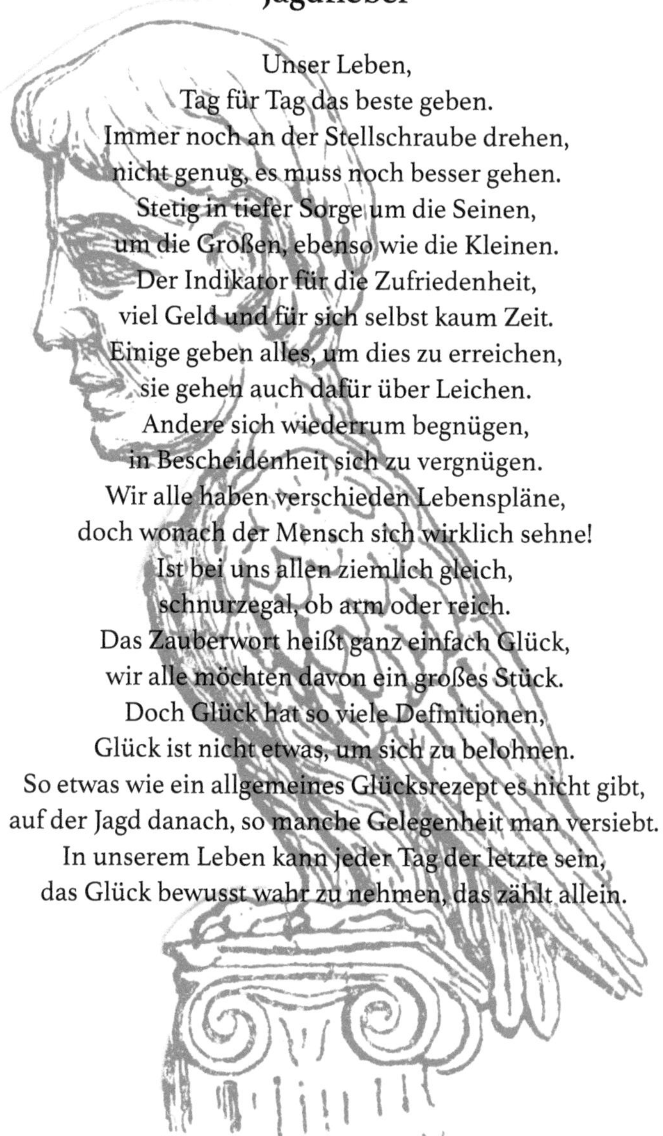

Unser Leben,
Tag für Tag das beste geben.
Immer noch an der Stellschraube drehen,
nicht genug, es muss noch besser gehen.
Stetig in tiefer Sorge um die Seinen,
um die Großen, ebenso wie die Kleinen.
Der Indikator für die Zufriedenheit,
viel Geld und für sich selbst kaum Zeit.
Einige geben alles, um dies zu erreichen,
sie gehen auch dafür über Leichen.
Andere sich wiederrum begnügen,
in Bescheidenheit sich zu vergnügen.
Wir alle haben verschieden Lebenspläne,
doch wonach der Mensch sich wirklich sehne!
Ist bei uns allen ziemlich gleich,
schnurzegal, ob arm oder reich.
Das Zauberwort heißt ganz einfach Glück,
wir alle möchten davon ein großes Stück.
Doch Glück hat so viele Definitionen,
Glück ist nicht etwas, um sich zu belohnen.
So etwas wie ein allgemeines Glücksrezept es nicht gibt,
auf der Jagd danach, so manche Gelegenheit man versiebt.
In unserem Leben kann jeder Tag der letzte sein,
das Glück bewusst wahr zu nehmen, das zählt allein.

Unerfüllt

Viele Wünsche und Träume ich in mir trag,
die wenigsten zu verwirklichen ich vermag.
Kann sie nicht aus meinem Kopf streichen,
vielleicht kann ich es doch irgendwie erreichen.
Die sehr große Hoffnung im Lotto zu gewinnen,
wird wohl, wie schon so oft, im nichts zerrinnen.
Jedes Mal, wenn ich abgebe meinen Lottoschein,
denke ich, dieses Mal könnte es ein Sechser sein.
Verteile im Geiste schon den Wahnsinnsgewinn,
im Grunde genommen, natürlich völlig ohne Sinn.
Nur zwei Richtige, wieder mal nichts gewonnen,
und wie schon so oft ist ein Traum verronnen.
Meine geschriebenen Texte an den Mann bringen,
mit etwas Glück könnte es vielleicht sogar gelingen.
Aber der Wunsch ein Buch, oder zwei, zu verlegen,
sehr unwahrscheinlich, da spricht einiges dagegen.
Ein Verleger zu finden, der Interesse zeigen würde,
wie beim Lotto, eine schier unüberwindbare Hürde.
Zum Eigenverlag fehlt mir der Mut und auch das Geld,
und noch so vieles andere, da sich mir entgegenstellt.
Verliere zu oft die Bodenhaftung, fliege wild umher,
zur Realität zurück finden fällt mir meist sehr schwer.
Bin von unerfüllten Wünschen und Träumen gefangen,
ohne jemals, so meine Vermutung, ans Ziel zu gelangen.
Wollte aber auch ohne all diese nicht existieren,
wenn nicht zum Ziel, sie aber mich doch weiterführen.

Fragwürdig

Etwas Schreckliches ist passiert,
die Medienlandschaft explodiert.
Menschenleben wurden unsinnig vernichtet,
ausführlich wird in Worten und Bildern berichtet.
Viele melden sich dazu zu Wort,
gesendet wird exklusiv, live vor Ort.
Erschüttert legen Menschen Blumen nieder,
warum passiert denn so etwas immer wieder?
Bei den meisten ist die Anteilnahme nicht gespielt,
wird nicht nach Profit und Auflagszahlen geschielt.
Manche Politiker treten medienwirksam auf den Plan,
das kommt bei den Wählern immer gut an.
Sofortige Maßnahmen werden versprochen,
im Nachhinein, dann doch oftmals gebrochen.
In Talkrunden wird das ganze intensiv diskutiert,
es bleibt offen, was dann tatsächlich passiert.
Auch darauf wer Schuld hat, wird geschaut
man braucht einen auf den man dann draufhaut.
Vielleicht war es zu vermeiden, mancher ist stinksauer,
doch es ist bekannt, hinterher ist man immer schlauer.
Die Angehörigen der Opfer werden bedrängt,
die volle Aufmerksamkeit auf sie gelenkt.
Von Feingefühl, Empathie, keine Spur,
Sensationsgeilheit wird befriedigt, pur.
Für einige mag es ja hilfreich sein,
aber so generell und allgemein?
Dem Täter wird auch große Beachtung geschenkt,
der Versuch es nachzuvollziehen, wie so jemand denkt.
Irgendwann lässt der Rummel aber nach,
die Medienlandschaft liegt erstmal brach.
Ohne Katastrophen, Mord und Totschlag auf dieser Welt,
fragwürdig, was es dann gäbe das uns in Atem hält?

Letzter Wille

Was kommt danach,
suche hier die Stille,
denke darüber nach,
was wäre mein letzter Wille.

Ganz ehrlich gesagt,
das fällt mir schwer,
es an mir nagt,
beschäftigt mich sehr.

Ich auf den Friedhof bin,
vor Augen den Tod,
suche krampfhaft den Sinn,
bin etwas in der Not.

Den letzten Willen zu verkünden,
rätselhaft, was es mir bringen mag,
muss eine Antwort für mich finden,
die Entscheidung ich auf weiteres vertag.

Ob er erfüllt oder auch nicht,
hat wohl was mit Verpflichtung zu tun,
und wenn jemand meinen Willen bricht,
werde ich trotzdem in Frieden ruhen.

Lasst mich

Man sieht mich am Wegesrand stehen,
bin durchaus als schön anzusehen.
Mein Anblick Freude entfacht,
angesichts meiner Blütenpracht.
Gemeine Wegwarte, so ist mein Name,
aus der Familie der Korbblütler ich stamme.
Meine Blütenfarbe ist ein zärtliches blau,
mein Laub dagegen, grün bis grau.
Ich bin nicht giftig, geeignet zum Verspeisen,
auch als Heilmittel kann ich mich beweisen.
Kneipp und Paracelsus schworen schon darauf,
schrieben viel über meine Wirkungskraft auf.
Besucht werde ich sehr gerne von Bienen,
und auch Schwebfliegen sich meiner bedienen.
Einige mich leider als Unkraut benennen,
da sie nicht wissen, mich nicht kennen.
Achtlos trampeln sich mich nieder,
davon erhole ich mich nicht wieder.
Mich abzupflücken um mich in eine Vase zu stecken,
da könnte ich mich nicht mehr gen Himmel recken.
Schaut mich an aber lasst mich lieber noch leben,
um allen anderen Freuden und Nutzen zu geben.

Blumenwiesen

Blumen wiegen sich im Sommerwind,
die Farben derselben so prachtvoll sind.
Ein Summen und Brummen auf der Wiese,
nichts ist hier zu spüren von einer Krise.
Das kann einen schon sehr verwirren,
doch die Experten sich sicher nicht irren.
Für viele ist der Zustand kaum zu erfassen,
dass so viele Insekten unsere Welt verlassen.
Aber auch das ist von Menschenhand gemacht,
so wie schon in vielen Dingen, zu kurz gedacht.
Blumenwiesen immer mehr verschwinden,
aus ganz unterschiedlichen Gründen.
Zu einem wurde zugepflastert und betoniert,
für die Tierwelt, hat sich kaum jemand interessiert.
Die Landwirte all ihre Flächen bewirtschaften müssen,
fürchten sich, vor den immer näherkommenden Krisen.
Für Blumenwiesen ist da mehr kein Platz,
für das Überleben der Insekten, ein großer Schatz.
Bin skeptisch, beim Einsatz dieser Mengen von Pestiziden,
mir wäre es lieber, man hätte sie etwas mehr gemieden.
In den Städten der Wohnraum knapp, Häuser müssen her,
so leidet die gesamte Natur unter uns immer mehr.
Das Thema auch viel zu lange nicht ernst genommen,
und so könnte es unvermeidlich zu Katastrophen kommen.
Insekten sind manchmal lästig aber für den Erhalt wichtig,
sonst funktioniert unser Ökosystem immer weniger richtig.
Einige haben es immer noch nicht verstanden,
wenn es immer weniger gibt, wo wir dann landen!
Pflastert euere Vorgärten nicht mehr zu,
denn auch da drückt gewaltig der Schuh.
Man kann auch im Kleinen, großes erreichen,
stehen sie auch nicht besonders gut die Zeichen!

Versteckt

Oft schaffe es nicht,
was ich mir vorgenommen hab,
stehe mir selbst im Wege,
schaufle mir mein eigenes Grab.

Möchte es besonders gut machen,
der Ehrgeiz in mir lodernd brennt,
verzettele mich in Pingeligkeit,
mein Erfolgsdruck mich bedrängt.

Tüftle rum, beginne von vorn,
und das nicht nur einmal,
es bremst mich das Detail,
nicht nur zu meiner Qual.

Was aber das Schlimmste ist,
das Ergebnis ist doch nicht perfekt,
zu meinen wiederholten Leid,
man dann doch einen Fehler entdeckt.

Taschentrick

Letzthin bittet mich meine Frau,
gehe zu meiner Handtasche hin,
und sei doch so gut und schau,
da ist mein Haustürschlüssel drin.

Würdest den mir bitte schnell holen,
na klar, ich das sehr gern mache,
ich denk für mich verstohlen,
das wird nicht leicht die Sache.

Die Handtasche wie Blei so schwer,
vollgefüllt, gut ausgestattet,
ein Wunder, wenn es anders wäre,
bin jetzt schon irgendwie ermattet.

Ich fange zu suchen und zu wühlen,
da ist ja so viel Krimskrams drin,
fündig werde ich da nur mit Fühlen,
alles andere hat da wohl wenig Sinn.

Zuerst ein Stichkamm mich sticht
Taschentücher drei, vier Päckchen,
Nageletui, wundert mich nun nicht,
eher dieses Paar rosa Söckchen.

Spüre ein Mobiltelefon nebst Tablet,
eine kleine Wasserflasche ich finde,
für die Haare so ein komisches Gerät,
ich staune da echt nicht gelinde.

Rufe, da ist er nicht, muss wo anders sein,
die Augen verdrehend kommt sie herbei,
ein Griff sie hat ihn, ich denke nur noch, Nein!
das ist unmöglich, das grenzt an Zauberei.

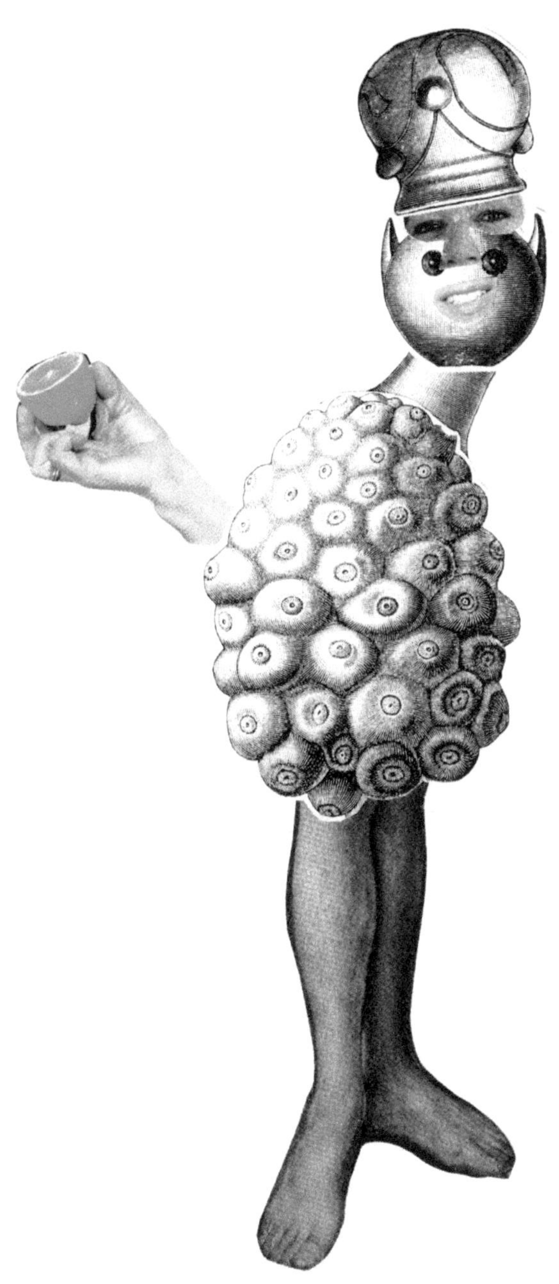

Aus Liebe

Ich bin für immer dein,
du sollst die einzige sein.
Nie werde ich dich betrügen,
oder dich sonst irgendwie belügen.
Werde durch dick und dünn mit dir gehen,
für immer an deiner Seite treu stehen.
Ernsthaft dieses Versprechen gegeben,
sollte wirklich halten solange wir leben.
Doch werden Erwartungen nicht mehr erfüllt,
wird das sehr oft auf andere Weise gestillt.
Unzufriedenheit macht sich dann breit,
immer häufiger kommt es zu einem Streit.
So beginnt man auszubrechen,
geht in die Kneipen um zu zechen.
Oder man schüttet sich mit Arbeit zu,
da zu Hause fehlt die nötige Ruh'.
Die große Liebe hat sich still und leise verdrückt,
und so passierts, dass man jemand anderen beglückt.
Den Schwur aus tiefsten Herzen gesprochen,
wird dann zu schnell und leichtfertig gebrochen.
Redet aneinander vorbei, hört nicht mehr hin,
wozu auch, es hat sowieso alles keinen Sinn.
Verurteilt wird und knallhart gerichtet,
die einst so große Liebe wird vernichtet.
Schmerz, Enttäuschung wandelt sich um in Hass,
die Folgen daraus sind zerstörerisch, echt krass.
Rosenkrieg – wenn alles in sich zusammenkracht,
will nicht, dass der andere jemals noch lacht.
Beide Seiten kann man verstehen,
keiner wollte diesen Weg je gehen.
Wir unterliegen immer wieder diesem Phänomen,
die einzigartig große Liebe löst jedes Problem!

Warnungen werden als Einmischung abgetan,
wir tun das richtige und nur uns geht es etwas an.
Ich habe niemals bewusst Liebe geheuchelt,
und doch einige Beziehungen gemeuchelt.
Habe große Schuld auf mich geladen,
durch aus Liebe begangene Taten.

Gewagt

Oft wird einen zu viel abverlangt,
und keiner ist da, der es einen dankt.
Nein zu sagen, oftmals nicht geht,
da viel zu viel auf dem Spiel steht.
Man ist in einer Tretmühle gefangen,
wie sollte man da wieder heraus gelangen?
Hat Angst, dass wenige zu verlieren,
will und kann nichts riskieren.
Fühlt sich ausgeliefert und benutzt,
in all seinen Möglichkeiten zurechtgestutzt.
Um auszubrechen fehlt einen oft der Mut,
ist doch besser als nichts, also immer noch gut.
Selbstbewusstsein geht so nach und nach zur Neige,
man ist und kann nichts und ist zudem noch feige.
So dümpelt und vegetiert man vor sich hin,
hat aus den Augen verloren den Lebenssinn.
Doch oft muss es einen erst ist in den Abgrund reißen,
um alle Hemmnisse, Bedenken über Bord zu schmeißen.
Auf sich selbst, auf die innenwohnende Kraft besinnen,
was soll schon passieren, man kann nur noch gewinnen.
Auch wenn es am Anfang nicht gleich gut klappt,
wichtig die Fesseln von einst hat man gekappt.
Erinnert hat man sich an seine Fähigkeiten,
der Tretmühle entflohen, für alle Zeiten.
Der Wille und der Mut geben einen die Kraft,
dass man auch schier unmögliches schafft.

Wartezeit

Ich musste mal beim Arzt lange warten,
vertrieb mir die Zeit mit Rätsel raten.
Außerdem habe ich über etwas sinniert,
dass mich zu diesen Zeilen hat inspiriert.
Mit warten verbringt man viel Zeit,
oft entsteht daraus schnell ein Streit.
Der Mann steht angezogen in der Türe,
da ist seine Frau noch bei der Maniküre.
Man wartet täglich auf Bus oder Bahn,
wartet immer irgendwo, bis man ist dran.
An manchen Orten bricht man den Rekord,
da wird warten zu einer Art Durchhaltesport.
Manche liegen im Bett, warten auf den Morgen,
schlaflos, beherrscht von Ängsten und Sorgen.
Wir warten, dass der Briefträger bringt die Post,
warten auf die vom Pizzabäcker bestellte Kost.
Wäre doch spannend dies zu durchdringen,
wieviel Lebenszeit wir mit warten verbringen.
Wir warten aber noch auf so vieles mehr,
nehmen es nicht bewusst wahr, wie sehr.
Auf etwas Warten ist auch mit Hoffnung verknüpft,
es beginnt, sobald man morgens aus den Federn hüpft.

Rituale

Rituale bestimmen unser Leben,
sie sorgen für Ordnung und Sicherheit,
Rituale muss es einfach geben,
ob alt oder jung, zu jeder Zeit.

Was wir nicht beachten,
ist unser alltägliches Rituell,
würden wir es mal betrachten,
bemerkten wir es ganz schnell.

Begann schon von Kindesbeinen an,
begleitet vom ersten Kuscheltier,
man erinnert sich auch gerne daran,
ein Tag ohne war unmöglich schier.

Oder das Einschlafritual,
um noch ein Beispiel zu nennen,
ist sehr wertvoll, allemal,
dies die meisten sicher noch kennen.

Wird ein gewohntes Ritual verhindert,
macht ein Unwohlsein sich breit,
fühlt sich in seltsamer Weise behindert,
fehlt ein Teil von erworbener Sicherheit.

Oft sind Rituale aber auch wie ein Zwang,
sie bremsen, behindern und blockieren,
man ist getrieben von einem inneren Drang,
ohne sie kann man sein Leben nicht führen.

Ich habe meine Rituale liebgewonnen,
und wenn ich aus dem Schlaf erwach,
wird mein Tag mit einem Ritual begonnen,
mach es einfach, denke nicht darüber nach!

Rituale brauchen wir, sie haben einen Grund,
ob wir es wahrhaben wollen oder nicht,
irgendwie läufts dann nicht so rund,
wenn man sein Ritual mal bricht.

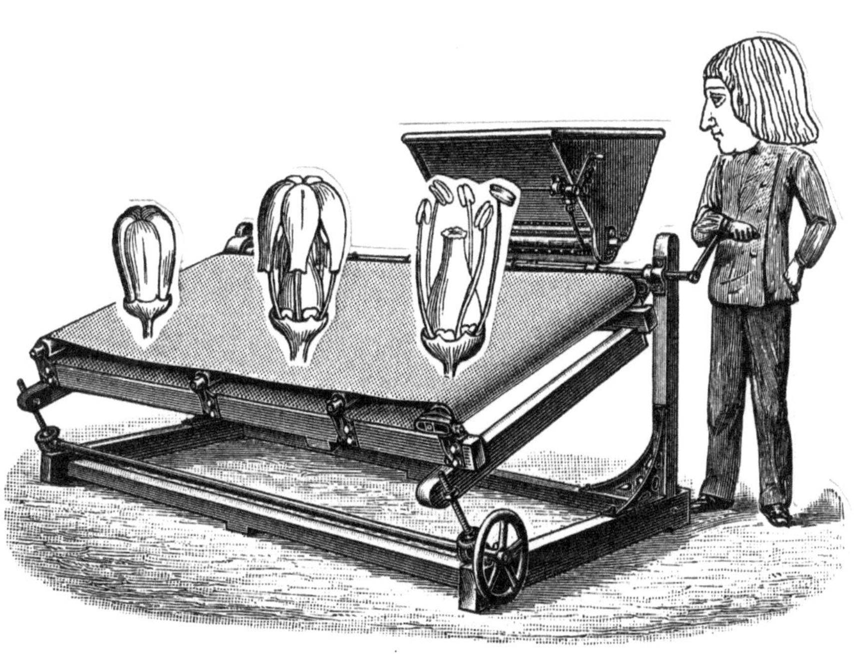

Heute nicht

Ich lasse mich in den Tag hineingleiten,
ohne Ahnung, was auf mich zukommen kann,
bin total offen, lasse mich leiten,
gehe einfach mal unbekümmert voran.

Alles kann passieren aber nichts muss sein,
Neugierde was der Tag vor mir verbirgt,
zuversichtlich lasse ich mich darauf ein,
wird sich zeigen, was es am Ende bewirkt.

Mach mir nicht schon vorher Gedanken,
hoffentlich nicht und was wäre wenn
das brächte mich gehörig ins Wanken,
wie so oft, ich kopflos durch die Gegend renn.

Dieses Muster will und muss ich durchbrechen,
nicht schon am Morgen das Unheil heraufbeschwören,
meinen negativen Gedanken nicht mehr entsprechen,
lasse mich von diesem Mist nicht mehr betören.

Strahle zukünftig Zuversicht aus,
was soll schon groß passieren,
was nützt da die Angst im Voraus,
man kann es eh nicht kontrollieren.

Beginne ohne zaudern und bangen den Tag,
gehe sorgenfrei, gut gelaunt meinen Weg,
das Schicksal ich nicht zu beeinflussen vermag,
es bringt nichts, wenn ich mich schon vorher zerleg.

Das ist zumindest mein Plan,
weiß nicht, ob er wird gelingen,
doch fange ich jetzt damit an,
lasse mich nicht mehr niederringen!

Nur ein Tag

Ich gäbe viel darum,
wäre dieser Tag endlich um.
Minuten mir wie Stunden erscheinen,
die Zeit steht still, könnte man meinen.
Nichts geht so richtig von der Hand,
ich sehe einfach kein Ende, kein Land.
Kann es drehen und wenden,
gen Himmel Hilferufe senden.
Ein Schritt vor und zwei zurück,
komme nicht voran, kein Stück.
Mein PC macht ständig nur Zicken,
dieser Tag steckt voll von Tücken.
Egal, wo ich auch anrufe, es ist besetzt,
hätte ich doch nur mir kein Ziel gesetzt.
Die ganze Zeit nur eine einzige Hetzerei,
nichts aber wirklich nichts, kam heraus dabei.
Mein Frust treibt in mir wahre Blüten,
muss mich selbst vor mir hüten.
Den Tag kann ich in die Tonne klopfen,
verloren ist jedenfalls Malz und Hopfen.
Hätte ich das am Morgen schon geahnt,
ich hätte es trotzdem genauso geplant.
Niemals im Geringsten daran geglaubt,
dass dieser Tag den letzten Nerv mir raubt.
Doch ist das nur ein Tag in meinen Leben,
es wird ganz sicher auch wieder bessere geben.

Geprellt

Mein Ärger in mir ist riesig groß,
werde ihn auch so leicht nicht mehr los.
Man hat mich über den Tisch gezogen,
arglistig, dreist, betrogen und belogen.
Mir wurde auch noch Geld abgezockt,
die haben mich in eine böse Falle gelockt.
Leichtsinnig habe ich Verträge unterschrieben,
und wäre beinahe darauf sitzen geblieben.
Trotz Widerruf den ich gleich getätigt,
es war ein Kampf bis er wurde bestätigt.
Unzählige Telefongespräche musste ich führen,
wurde nicht ernst genommen, das konnte ich spüren.
Mit den Automaten war es unmöglich zu sprechen,
durfte aber für jeden Anrufversuch deftig blechen.
Irgendwann hatte ich einen echten Menschen dran,
doch da die Katastrophe erst richtig ihren Anfang nahm.
Dieser für mein Anliegen nicht zuständig war,
er gab mir eine andere Nummer, erstmal wunderbar.
In mir wuchs heran ein kleiner Hoffnungsschimmer,
dass was dann passierte, daran dachte ich nie und nimmer.
Denn bei dieser so tollen Nummer war der Reinfall total,
nicht zuständig, probieren sie die erste Nummer noch einmal.
Sie müssen da nur einfach das richtige Wort sagen,
dann werden sie durchgestellt, ohne weiteren Fragen.
Das mit dem Wort hat tatsächlich funktioniert,
Euphorie kam auf, hab innerlich jubiliert.
Bin aber dann in einer Warteschleife gelandet,
und letztendlich auch darin gestrandet.
Fast zwei Stunden wurde ich hingehalten,
könnte meine Zeit echt sinnvoller gestalten.
Natürlich habe ich dennoch nicht aufgegeben,
war innerlich jedoch tierisch am Beben.

Endlich bekam ich die Bestätigung gesendet,
doch das Drama war damit noch nicht beendet.
Vieles ist noch immer in Frage gestellt,
es mich nach wie vor pausenlos in Atem hält.
Logischerweise war ich auch bei der Polizei,
habe angezeigt diese riesige Schweinerei.
Und sitze wie schon gehabt auf heißen Kohlen,
ob ich nicht doch noch irgendwie werde bestohlen?

Reich

Fühle mich oft sehr reich,
nicht an materiellen Dingen,
es ist mir eigentlich auch gleich,
würde mir eh nur Unglück bringen.

Wäre ich so wirklich reich an Gut und Geld,
was würde dann mit mir geschehen,
drastisch verändern könnte sich meine Welt,
würde alles mit anderen Augen sehen?

Hätte Angst davor abzuheben,
größenwahnsinnig zu werden,
in unendlichen Höhen schweben,
mich wie ein Irrer zu gebärden.

Meine ganz eigenen Gedankenspiele,
die mir immer Inspiration und Freude geben,
frei, grenzenlos und ohne Ziele.
Das ist der wahre Reichtum in meinem Leben!

Störenfried

Ich sehe so vieles was mich stört,
mich immer wieder regelrecht empört.
Bin schon manisch darauf fixiert,
zu einem Korinthenkacker mutiert.
Das Verhalten von so vielen ich verachte,
mit Argusaugen jedes Geschehen ich betrachte.
Mache mir das Leben selbst damit sehr schwer,
werde meinem Unmut schon lange nicht mehr Herr.
Es gelingt mir nicht etwas anderes zu sehen,
sehe nur noch der anderen ihr Vergehen.
Mir springt so vieles förmlich ins Auge,
den Unhold ich mit meinen Blicken ansauge.
Und schon kommt es zur Konfrontation,
laut und sehr heftig mitunter der Ton.
Das Ergebnis, ich habe nichts erreicht,
der andere nicht von der Stelle weicht.
So bin ich auf der Verliererseite, wie meist,
werde noch ausgelacht, hämisch und dreist.
Man könnte sagen, dass ich Courage besitze,
sie aber in die ganz falsche Richtung nütze.
Wegschauen ist überhaupt nicht mein Fall,
und sei die Situation auch noch so banal.
Natürlich ist es auch sicher Wichtigtuerei,
eigentlich ist das eher die Sache der Polizei.
Sicher auch ein Stück weit Geltungssucht,
habe das was in mir ist, schon oft verflucht.
Muss den Fokus in eine andere Richtung lenken,
total verändern mein Handeln und denken.
Will wieder mit Freude durch die Straßen gehen,
kann vieles nicht ändern, dass muss ich verstehen.
Und wenn es auch noch so in mir rumort,
muss ich mich zurückhalten und gehe fort.
Endlich die Sinnlosigkeit meines Handelns begreifen,
es als Prüfung sehen und vielleicht daran reifen!

Geschwisterpaar

Wenn das Glück einen verlässt,
sitzt man unglücklich in seinem Nest.
Alles wie ein Kartenhaus zusammenbricht,
überall ist Schatten, wo einst war Licht.
Fühlt sich im wohlgefühlten nicht mehr wohl,
es wirkt auf einem alles nur noch leer und hohl.
Niemals war man auf so etwas gefasst,
dass so plötzlich gar nichts mehr passt.
In einem Moment war die Welt noch heile,
unfassbar, dass das Glück so von dannen eile.
Dachte, man hat sein Glück für sich gepachtet,
auf alles andere überhaupt so nicht geachtet.
Das Glück wie ein zartes Pflänzchen ist,
es verkümmert, wenn man es nicht gießt.
Erarbeitetes Glück braucht viel Pflege,
ständige Begleitung und viel Hege.
Wird es zu einer Selbstverständlichkeit,
ist abgelaufen des eigenen Glückes Zeit.
Doch nichts im Leben endgültig ist,
dies man im Leid oft zu schnell vergisst.
Ein Geschwisterpaar ist das Glück und das Leid,
und jedes von beiden braucht seine Zeit.
Wie könnten wir das Glück überhaupt bemessen,
hätten wir nicht mal im Leidenssumpf gesessen.
Geben wir unseren Leid einfach mal die Hand,
kommt auch das Glück irgendwann wieder angerannt.

Abendrunde

Ich drehe jeden Abend mit unserem Hund eine Runde,
und logischerweise treffen wir auch auf andere Hunde.
Fast täglich begegnen uns da zwei kleine Wadenbeißer,
melden sich lautstark, ihr Gekläffe klingt etwas heiser.
Auch der unsere nicht von schlechten Eltern ist,
und seine gute Hundestube schon mal vergisst.
Kommt ein anderer Hund ihn nicht gelegen,
egal wie groß, legt er los, ganz verwegen.
Fletscht die Zähne, bellt laut und kreischt,
aber keine Sorge, er niemanden zerfleischt.
Kommt uns eine süße Hundedame in die Quere,
beginnt an der Leine ein wildes Gezerre.
Andererseits ist ihm eine Dame zugeneigt,
er ihr gnadenlos, knallhart die Schulter zeigt.
Manchmal er mit anderen Hunden seinen Spaß hat,
danach hängt ihm die Zunge raus, ist völlig platt.
Auch kommt vor, dass er ein Weibchen zu sehr bedrängt,
dann kriegt er was auf die Schnauze und ist leicht gekränkt.
Häufig gibt es mit anderen Hundehaltern eine Plauderei,
da bin ich natürlich mit Freude immer sehr gerne mit dabei.
Selten hat er keine Lust zu dem abendlichen Gang,
sich auszuruhen und zu schlafen, dann sein Drang.
Nur widerwillig erhebt er sich dann mühselig auf seine Pfoten,
streckt und dehnt sich gähnend, da ist etwas Geduld geboten.
Unsere Abendspaziergänge sind als unser Ritual zu sehen,
es würde fehlen, würden wir unsere Runde nicht drehen.

Fingerzeig

Ich sehr häufig extrem dazu neige,
und mahnend meinen Zeigefinger zeige.
Ob verbal oder auch in schriftlicher Form,
mein Drang danach ist da schon enorm.
Bei vielen, was mir über die Hutschnur geht,
mein Zeigefinger, da senkrecht in die Höhe steht.
Ich weiß, für viele ist das schon sehr Oberlehrerhaft,
aber um ihn rechtzeitig einzuklappen, fehlt mir die Kraft.
Wenn ich es mal schaffe, ihn nicht zu heben,
dann wird er im Verborgenen sein Bestes geben.
Ich weiß ja auch nicht, woher ich das habe,
diese nicht wirklich so prickelnde Gabe.
Es ist ein Problem mit meinem Zeigefinger,
dummerweise habe ich zwei dieser Dinger.
Meinen Zeigefinger das Heben zu unterbinden,
wie ich das schaffen soll, werde ich wohl nie ergründen.
Es ist etwas, was mich immer betrifft,
keine Ahnung wie man das umschifft.
Man könnte mir die Zeigefinger auch entfernen,
und doch würde ich nichts daraus lernen.
Der Zeigefinger ist doch dafür da um zu zeigen,
und ich mache mir das auch unbewusst zu eigen.
Man nicht auf Leute mit dem Finger zeigt,
aber es ist unser Zeigefinger der dazu neigt.
Man könnte auch den Mittelfinger verwenden,
das würde unter Umständen vielleicht böse enden.
Auch die anderen Finger, nebst dem Daumen,
da würden so einige konsterniert staunen.
Es ist aber nun mal allen Menschen gegeben,
ihren Zeigefinger mehr oder weniger zu erheben.
Meinen Zeigefinger zur Räson zu bringen,
wird mir so glaube nicht wirklich gelingen.

Mein Zeigefinger ist nun mal gern aktiv,
obwohl ich ihn schon so oft zur Ordnung rief.
Aber ich kann auch nichts dagegen machen,
mit dem Zeigefinger zeigt man halt auf Sachen.

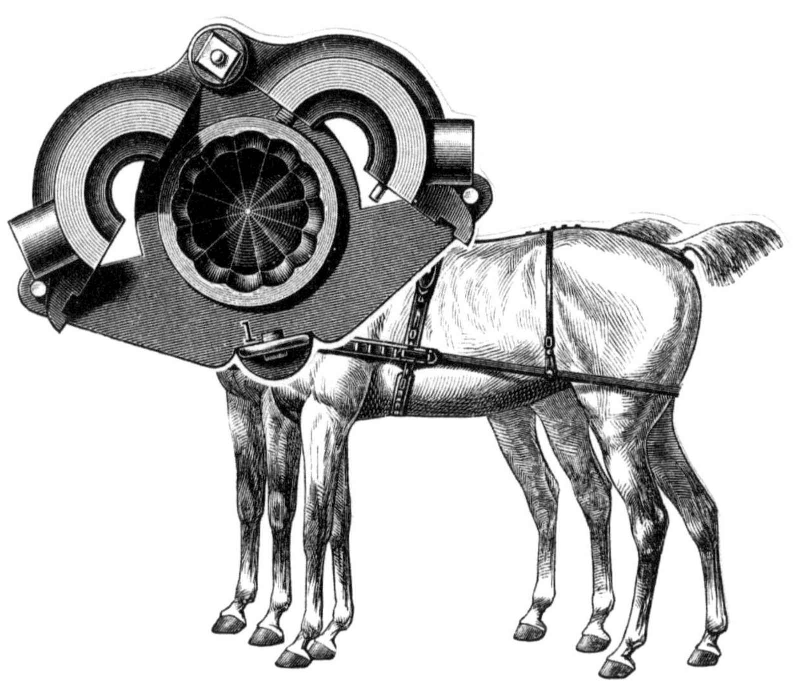

Klimadrama

Warten auf den Sonnenschein,
nur er einfach nicht kommen will,
ist irgendwie schon ziemlich gemein,
das Wetter treibt ein seltsames Spiel.

Jetzt ist doch Sommerzeit,
zu sehen ist keine Sonne, nirgendwo,
Tristesse macht sich breit,
doch früher war das mal öfter so.

Verregnete Sommer nicht selten waren,
unzuverlässig, man wusste es nie genau,
da blieb nur, in den Süden zu fahren,
bei uns zu oft, regnerisch und grau.

Doch das hat sich gewaltig gedreht,
den Klimawandel sei unser Dank,
die Sonne seit Wochen am Himmel steht,
und dies, denn Planet Erde ist krank.

Zu lange nicht ernst genommen,
das ist doch nur blöde Hysterie,
so ist die Zeit nutzlos verronnen,
nun zwingt der Wandel uns in die Knie.

So viel Sonne ist ja wunderbar,
was will man denn noch mehr,
einigen ist immer noch nicht klar,
wir werden der Lage nicht mehr Herr.

Aber immer noch wird es bestritten,
wird alles als in Ordnung betrachtet,
da hilft kein Mahnen, kein Bitten,
auch wenn die Erde noch so schmachtet.

Die Erde geht immer mehr zugrunde,
und die Menschheit geht mit,
alles geht nach und nach vor die Hunde,
geschuldet für Allmacht und Profit.

Masche

Mir geht etwas derart an die Nieren,
bin dabei die Nerven zu verlieren.
Meine Ruhe zu bewahren, fällt schwer,
etwas beunruhigt mich immer mehr.
Horrorszenarien entstehen in meinem Kopf,
wird schon werden, klingt wie ein alter Zopf.
Wirre Gedanken reifen in mir zur Realität,
diese Angst in mir schon viel zu lange besteht.
Krampfhaft versuche ich es auf die Reihe zu kriegen,
bin in eine Falle getappt, hoffe nicht zu unterliegen.
Eigentlich bräuchte ich die Hilfe eines Experten,
egal, auch wenn sich die Fronten noch mehr verhärten.
Ich bin der Meinung, dass ich nichts Falsches gemacht,
doch nun ist der ganze Mist über mir zusammenkracht.
Wollte ich doch genau dieses Chaos vermeiden,
ich kann so ein Verhalten mancher nur ankreiden.
Einige Unternehmen verhalten sich so dubios,
und treten dabei sehr viel Ungemach los.
Sie tricksen, blockieren, wollen sich aus allem herauswinden,
suchen fadenscheinige Gründe um jemanden an sich zu binden.
Kompetente Ansprechpartner sind nicht zu erreichen,
so kann man sich Leistungen natürlich auch erschleichen.
Letztendlich wird man total im Stich gelassen,
so ein Geschäftsgebaren ist nicht zu fassen.
Sie versuchen einen das Geld aus der Tasche zu ziehen,
man braucht alle Kraft um aus dem Schlamassel zu entfliehen.
Auf diese Art wird der Verbraucherschutz ausgehebelt,
diese Praktiken perfide, undurchsichtig und vernebelt.
So wird erreicht, dass man sich auch noch schuldig fühlt,
knickt ein, so übel wird einem in dieser Welt mitgespielt.
Glücklicherweise ist dies mir so nicht geschehen,
und konnte Dank meiner Hartnäckigkeit ein Ende sehen.

Nach vielen Wochen der Angst und Unsicherheit,
bekam ich dann doch den Entlastungsbescheid.
Für mich war das eine sehr erfahrungsreiche Lehre,
überlege zukünftig genau, wie und was ich begehre.

Peinlich

Guck doch mal, da, die beiden, sind das Heteros,
die trauen sich was, was ist mit denen nur los?
Diesen Satz habe ich so noch nie gehört,
und genau das ist es, was mich so sehr stört.
Die scheinheilige Akzeptanz von Homosexualität,
es braucht immer noch Mut, wenn jemand dazu steht.
Normales erfordert nicht, dies zu akzeptieren,
wann wird unsere Gesellschaft das kapieren.
Natürlich hat sich in dieser Richtung, etwas getan,
aber wer ging auf die Straße, fing dafür zu kämpfen an?
Viele haben sich aufgeregt oder es ins lächerliche gezogen,
sie wurden und werden heute noch um ihre Rechte betrogen.
Bestimmte Gruppen werden offen, teils legal, diskriminiert,
nur zum Schein spricht man es an, zeigt sich interessiert.
Die Veränderungen nur sehr zähflüssig voran gehen,
ich kann und bin auch nicht bereit das zu verstehen.
Warum müssen Frauen noch immer um ihre Rechte ringen,
obwohl sie wie die Männer, die gleiche Leistung bringen.
Sie werden immer noch um einiges schlechter bezahlt,
unsere Gesellschaft ist teilweise schon ziemlich verstrahlt.
Auch ist es noch völlig normal für so manchen Mann,
dass Weib hat zu gehorchen, sie ist des Mannes Untertan.
Transgenter um eine eigene Toilette sich bemühen,
müssen, wie peinlich, öffentlich Stellung dazu beziehen.
Es geht uns alle an, Diskriminierung darf es nicht geben,
und doch können wir sie täglich an allen Ecken erleben.
Ich erwähne nur mal das für mich leidige Thema Inklusion,
meine ganz persönliche Meinung, ich empfinde das als Hohn.
Menschen mit ihrem Handicap per Gesetz zu integrieren,
sollte in einer funktionierenden Gesellschaft nicht passieren.
Diese Gesetze sind wichtig, das möchte ich nicht bestreiten,
doch zur Eingliederung verpflichten, traurige Zeiten?
Es gibt noch so vieles mehr, was mir auf der Seele brennt,
immer noch in Schubladen geordnet, sortiert und getrennt.

Rampenlicht

Ich polarisiere und ecke gerne an,
so meine Art, will nichts ändern daran.
Nehme kein Blatt vor dem Munde,
lege den Finger in die offene Wunde.
Wem meine Meinung nicht gefällt,
bricht nicht zusammen eine Welt.
Im Gegenteil, ich finde das sogar gut,
nur so entsteht daraus ein Disput.
Nehme kritisch unsere Gesellschaft ins Visier,
mache aber auch nicht halt vor meiner Tür.
Stehe grundsätzlich zu meiner Position,
manchmal vergreife ich mich im Ton.
Mache auch vor unbequemen, peinlichen nicht Halt,
verabscheue Ungerechtigkeit, rechte Hetze und Gewalt.
Es liegt mir fern in irgendeiner Form zu belehren,
das ist in keiner Weise mein Ziel, mein Begehren.
Habe auch keine Scheu, meine eigenen Defizite zu zeigen,
aber auch ganz banale Themen mache ich mir zu eigen.
Trete ich jemanden mal kräftig auf die Füße,
er mit mir darüber nicht böse sein müsse.
Ich will mit meinen Texten in Vielfalt berühren,
erfreuen, aufrütteln und zum Nachdenken verführen.
Auch will ich unterhaltsam sein und gefallen,
das gelingt selbstverständlich nicht bei allen.
Zuweilen, eher meist, bin ich extrovertiert,
was den einen oder andern schon mal irritiert.
Ob ich nun begeistere oder auch nicht,
mein Leben ist und bleibt das Rampenlicht.

Gemeinsam

Lebt man in einer Beziehung gemeinsam,
fühlt man sich oft trotzdem sehr einsam.
Man lebt Jahre nebeneinander her,
trostloses Einerlei, sonst ist nichts mehr.
Schleichend hat es irgendwann angefangen,
dass jeder seine eigenen Wege ist gegangen.
Man teilt zwar miteinander noch Tisch und Bett,
der Rest aber auf sehr wackeligen Füßen steht.
Etwas gemeinsam mit Freude zu unternehmen,
man kann sich nicht mehr dazu bequemen.
Wenn doch, dann ist es nur aus Pflicht,
dass nach außen hin, stimmt die Sicht.
Mag sein, dass es an Liebe und Zuneigung fehlt,
schon Jahre man sich durch die Beziehung quält.
Aber mal einen gemeinsamen Spaziergang machen,
miteinander reden, wieder zusammen lachen.
Wieder gewollt die Nähe des anderen spüren,
könnte zu einer Veränderung vielleicht führen.
Jeder hat sich seine eigene Welt zusammengebaut,
es ist verloren gegangen, was einst war vertraut.
Und doch oder gerade nebst alledem,
soll man eines keinesfalls übersehen.
Der Alltag wird durch viel Gemeinsamkeit bestimmt,
dies man als solches nicht mehr zur Kenntnis nimmt.
Macht man sich dies auch mal bewusst,
wechselt man vielleicht von Frust auf Lust.

Träge

Ich hätte heute noch so viel zu tun,
doch hänge ich träge in den Seilen,
will nicht schaffen, will nur ruhen,
nur noch kurz im Sessel verweilen.

Die Augen fallen mir ständig zu,
mein Antrieb steht einfach still,
es würde Zeit, dass ich was tu,
obwohl ich überhaupt nicht will.

Oh je, bin von meinem Schnarchen erwacht,
ein Blick auf die Uhr, oh großer Schreck,
viel zu viel Zeit mit schlafen verbracht,
muss Gas geben, hat ja keinen Zweck.

Doch wie jetzt mich motivieren,
wo Trägheit sich hat manifestiert,
krieche fast auf allen vieren,
mein Bett mich viel mehr interessiert.

Magnetisch zieht es mich dahin,
fühle mich total gelähmt,
ich so völlig neben der Spur bin,
irgendetwas sich in mir schämt.

So sind meine Pläne endgültig zerronnen,
sinke erschöpft nieder in mein Kissen,
die Schlaffheit in mir hat gewonnen,
und verdrängt mein schlechtes Gewissen.

Wie lange noch?

Werden wir abgestumpft, allmählich immun?
Wir jammern zwar und kritisieren,
fühlen uns hilflos, können nichts dagegen tun,
außer nur lauthals zu lamentieren.

Natürlich wir irgendwie machtlos sind,
gegen diesen Wahnsinn unserer Welt,
stehen hilflos da, wie ein kleines Kind,
unwissend, wie man da noch dagegenhält.

Wir stecken im Getriebe fest,
werden durch die Mangel gedreht,
pausenlos irgendwie gestresst,
so vieles den Bach runtergeht.

Ob das Denken so vieler richtig ist,
so vieles wird in Frage gestellt,
es fühlt sich an, wie gequirlter Mist,
einiges an Werten nicht mehr zählt.

Es verändert sich so manches rasend schnell,
Bedrohungen einem großen Sorgen bereiten,
die Angst wächst in einem tendenziell,
vor den auf uns zukommenden Zeiten.

Wie ein Sandkorn werden wir zerrieben,
es hinterlässt in der Masse keine Lücken,
so vieles ist überzogen und übertrieben,
unsere Welt steckt voll von Tücken.

Vielleicht schützt uns die Passivität,
um nicht vollends verrückt zu werden,
wahrscheinlich ist es ohne viel zu spät,
diesen Irrsinn zu stoppen auf Erden!

Gärprozess

Wenn etwas in mir rumort und gärt,
mich zu konzentrieren, es mir total erschwert.
Kann mich nicht wirklich ablenken,
muss immerzu daran denken.
Gedankenbilder in mir entstehen,
nicht möglich, sie nicht zu sehen.
Bin aber nicht in der Lage sie festzuhalten,
um etwas Sinnvolles daraus zu gestalten.
Es ist in etwa so, wie ein Keim der gesät,
ungewiss, ob daraus etwas entsteht.
Vielleicht schafft er es gut zu gedeihen,
kann sich aber auch als Fehlschlag einreihen.
Aber dann doch, kommt in die Sache Licht,
und es wird aus dem Durcheinander, ein Gedicht.
Der Keim wächst, er nimmt Formen an,
was aber daraus wird, noch ohne Plan.
Noch wird mit Worten und Reimen jongliert,
bin sehr neugierig, was da so noch passiert.
Doch urplötzlich reimt sich Reim auf Reim,
bin angekommen, bin endlich daheim.
Die Worte fügen sich ein wie magisch,
von seltsam komisch, bis hin zu tragisch.
Das Ende ist selten vom Anfang an klar,
aber genau das macht es so sonderbar.
Mag es auch bisweilen sehr chaotisch sein,
doch genauso entstehen meine Dichterreien.

Es glimmt

Wie kann es endlich besser werden,
so dass sich mindern die Beschwerden.
Stets geht es bergab, alles wird schlecht,
regiert bald bei uns Anarchie und Unrecht?
Hier wird sich etwas ändern, ganz bestimmt,
die Zündschnur zum Wandel ordentlich glimmt.
All diese Schmarotzer sind hier nicht willkommen,
diese Pauschalisierung lähmt, macht benommen.
Schon lange hier, Zucht und Ordnung fehlt,
wir werden von dem Abartigen gequält!
Haben die Rechten damit tatsächlich recht,
ist unsere Demokratie krank und schlecht?
Darum schmeißen sie alle Ausländer raus,
und können wieder leben in Saus und Braus.
Ich will und werde nicht daran glauben,
lasse mich meiner Überzeugung nicht berauben.
Alle Menschen haben ein Recht auf würdiges Leben,
dieses Gut dürfen wir keinesfalls aus der Hand geben.
Millionen dürfen nicht umsonst gestorben sein,
holt uns genau diese grausame Geschichte wieder ein?
Es wird verleugnet, die Wahrheit auf widerlichste verbogen,
auf unverständliche Weise werden viele in den Bann gezogen.
Sie ziehen marodierend durch die Straßen,
sie sind das Volk, es ist für mich nicht zu fassen.
Ich stehe für ein vereintes Europa und faire Demokratie,
lebe in großer Sorge und Angst, wie zuvor noch nie.
Es ist so bedrohlich, darf einfach nicht mehr passieren,
dass Menschenfeindlichkeit, Rassenhetze die Welt regieren.

Stolz

Ich fahre mit sehr großem Stolz einen Suvi,
und zwinge die anderen damit in die Knie.
Die ewigen Meckerer sollen sich nicht erdreisten,
sie sind nur neidisch, können sich so etwas nicht leisten.
Dann noch das Gerede von Schadstoffen und Klimawandel,
schließlich gibt es meinen Suvi ganz normal im Handel.
Es heißt, wir Suvi Fahrer machen die Umwelt kaputt,
was ich besitze, war schweineteuer und ist einfach nur gut.
Mein absolut straßentauglicher Monstertruck,
fegt hinweg, dieses lästige Kleinwagenpack.
Suvi ist der legale Panzer, die neue Generation,
wir sind die Könige, geben auf der Straße an den Ton.
Außerdem bietet mir der Wagen große Sicherheit,
zudem dem noch Übersicht, das beste was es gibt, zurzeit.
Wer vor mir so zuckelt, gemütlich dahin rollt,
wird von mir gnadenlos, auch mal rechts überholt.
Wenn ich mich hurtig durch enge Gassen drücke,
finden die anderen hoffentlich für sich eine Lücke.
Denn Platz machen ist für mich keinesfalls drin,
warum auch, sehe darin überhaupt keinen Sinn.
Mein Suvi ist schließlich auch ein Statussymbol,
das Geschwätz so vieler ist für mich leer und hohl.
Zu sagen, an den Klimawandel, sind wir mit Schuld,
Da reißt mir wirklich endgültig der Faden der Geduld.
Wenn dann haben ganz andere versagt,
und genau die gehören auch angeklagt!

Fliegen

Wenn Fliegen in Scharren emsig fliegen,
da kann man schon mal die Krise kriegen.
Völlig unerwartet tauchen sie auf in Horden,
als wären sie alle auf einmal flügge geworden.
Ich suche mein Heim ab, nach dem Entstehungsherd,
das hätte dann diese lästige Fliegenflut für mich erklärt.
Den Ursprung dieser Quälgeister ich leider nicht fand,
Hoffnung, diese Viecher los zu werden, immer mehr schwand.
Zu Hauf lagen sie auf den Fensterbänken, mausetot,
doch das linderte nicht im Geringsten meine Not.
Ein Insektenspray würde beenden diese Plage,
diese Methode kommt jedoch für mich nicht in Frage.
Da gibt es diese klebrigen Dinger, die man die Decke hängt,
die sind mir aber zu ekelig, es dazu mich auch nicht drängt.
Klar wäre es viel besser, sie alle gnadenlos zu killen,
doch das entspricht so absolut nicht meinen Willen.
Aber es wird mit dem Viehzeug immer schlimmer,
stehe wie der Ochs vor dem Berg, habe keinen Schimmer.
Wären es nur eine, zwei oder gerne auch drei,
würde es mich nicht stören, wäre mir einerlei.
Ich habe aber dann etwas durch Zufall entdeckt,
das Teil wird einfach in eine Steckdose gesteckt.
Daraus ein ganz besonderer Duft entströmt,
der bei den Fliegen ist anscheinend verpönt.
Es ist zwar schon ein recht teurer Spaß,
doch die Wirkung ist ehrlich echt krass.
Wie von Zauberhand sind sie alle verschwunden,
habe auch nirgendwo mehr Fliegenleichen gefunden.
Nur ist mir weiterhin nicht im Geringsten klar,
woher sie denn nun kam, die so große Fliegenschar.
Glücklicherweise, war es für mich, dann nicht von Nöten,
dass ich die Fliegen am Ende musste doch noch töten.
Fast wäre ich zum Fliegenmörder geworden,
was sollte ich auch tun, wenn sie eindringen in Horden?

Auf einer Bank

Ich sitze auf einer Bank und betrachte,
auf nichts Besonderes ich dabei achte.
Menschen eilen hastig an mir vorüber,
der Himmel bedeckt, das Wetter wird trüber.
Die Gesichter der Leute, erscheinen mir aschfahl, grau,
egal, in welche im Moment ich gerade auch schau.
Stumpf wirken ihre Blicke, in sich gekehrt,
kaum einer erscheint heiter und unbeschwert.
Ein Typ bedrängt eine Frau laut mit seiner Litanei,
sie nimmt es hin, steht nur teilnahmslos dabei.
Er gestikuliert wild, redet sich immer mehr in Rage,
sie lässt ihn stehen, sieht aus nach einer Blamage.
Ein Pärchen engumschlungen, wohl frisch verliebt,
dass ganz große Glück vielleicht da seinen Einstand gibt.
Da ein sehr großer Hund, zieht sein Frauchen hinterher,
ihn irgendwie zu halten, fällt ihr sichtlich sehr schwer.
Sie stemmt sich mit ihren Füssen ins Gras,
dem Hund ist es egal, er gibt weiter Gas.
Das Wetter nach wie vor noch sehr trübe,
aus Langeweile, mich in Gedankenlesen übe.
Da steht ein Mann und guckt versonnen in die Ferne,
was der jetzt gerade so denkt, wüsste ich gerne.
Stelle aber fest, dass Gedankenlesen ich nicht kann,
mein Pech und sicher angenehmer für den Mann.
Die Gedanken anderer Menschen zu erfassen,
ist nicht gut, sollte ich besser sein lassen.
Ein anderer spaziert ein Buch lesend in seiner Hand,
toll, ich wäre schon längst irgendwo dagegen gerannt.
Mir macht es Freude das Treiben um mich zu betrachten,
auf nichts Besonderes und doch auf alles zu achten.
Und sehr gerne wäre ich noch länger geblieben,
doch heftiger Regen hat mich nach Hause getrieben.

Wir?

Die Wälder sterben,
ist dies der Anfang vom Ende?
Was können wir noch vererben?
Manche ringen verzweifelt die Hände.

Zu viele Arten kämpfen um ihren Lebensraum,
diesen wir ihnen Gnaden – und Gedankenlos rauben,
und immer noch halten wir uns nicht im Zaum,
an die Zerstörung der Natur nicht wirklich glauben.

Als Ersatz werden künstliche Biotope geschaffen,
und immer weiter treiben wir an der Natur Rabau,
so sehr viele von uns, es immer noch nicht raffen,
verweigern, sind stur, halten sich für besonders schlau.

Viel wichtiger ist noch bei vielen, Luxus und Wohlstand,
Klima und einiges andere, wird als Nebensache behandelt,
so geben wir unsere Zukunft leichtfertig aus der Hand,
noch nicht verstanden, dass unsere Welt sich wandelt.

Wie viele Wälder müssen noch zu Grunde gehen?
wieviel Tiere und Pflanzen ihre Existenz verlieren?
bis wir alle bereit sind und dazu auch stehen,
Stopp! Wollen wir nicht verbrennen oder erfrieren.

Appell

Ich fühle mich diskriminiert,
was mir bisweilen öfter passiert.
Werde immer mehr an den Rand gedrängt,
in meiner Entscheidungsfreiheit eingeschränkt.
Werde schief von der Seite angesehen,
es nervt zuweilen, muss ich gestehen.
Rücksichtslosigkeit wird mir unterstellt,
so pauschal, andere werden von mir gequält.
Zu einer Risikogruppe ich gehöre,
ich die Umwelt und mich selbst zerstöre.
Was ich mache, ist in gewissen Kreisen sehr verpönt,
der Angriff ist deutlich, da wird nichts geschönt.
Mit Schockbildern will man es uns versauern,
es gelingt nicht bei allen, zu deren Bedauern.
Es ist seit einiger Zeit verboten an vielen Stellen,
zu einer selten gewordenen Spezies wir zählen.
Werden in eng begrenzte Zonen abgeschoben,
da können wir uns noch so richtig austoben.
Unser Laster mal durchaus gesellschaftsfähig war,
der Cowboy auf dem Pferd kam an, wunderbar.
Oder, wer wird den gleich in die Luft gehen,
diese Episoden wurden immer gerne gesehen.
Heute würde man uns am liebsten zum Teufel jagen,
man hat uns abgestempelt zu widerlichen Plagen.
Immer noch verdient der Staat damit viel Geld,
und auch die Industrie voll auf uns zählt.
Aber Saufen ist nach wie vor bei vielen geil,
ne ganze Menge sucht in Alkohol ihr Heil.
In der Werbung ist Alkohol auch nicht verbannt,
die Gefährdung dadurch wird nicht deutlich benannt.
Diese Ungleichbehandlung mich immer wieder irritiert,
obwohl durch Alkoholmissbrauch viel Unheil passiert.

Rauchen ist schlecht, das streite ich nicht ab,
wir Raucher schaufeln selbst unser Grab.
Auch das mancher Raucher oft sehr rücksichtslos ist,
er sieht nur sich selbst, die anderen er dabei vergisst.
Doch die wenigsten von uns rauchen aus Genuss,
sie können einfach nicht anders, es ist für sie ein Muss.
Der Griff zur Zigarette ist ein so unvorstellbares Verlangen,
für den der es nicht kennt, ist es leicht dies anzuprangern.
Es nicht angebracht uns zu deswegen zu diskriminieren,
schön wäre es, dass was es ist, einfach zu akzeptieren.
Würden beide Seiten sich gegenseitig achten,
statt den anderen als Feind zu betrachten.
Rücksicht einerseits und andererseits Toleranz,
könnte mindern, die allseits große Diskrepanz.

Verlust

Wenn man älter wird, kann es dazu führen,
all seine ach so geliebten Zähne zu verlieren.
Durch einen Unfall oder nachlässiger Hygiene,
verabschieden sich so nach und nach die Zähne.
Es gäbe auch noch viele andere triftige Gründe,
der Verlust ist dadurch nicht weniger gelinde.
Das Ergebnis kommt immer auf das gleiche raus,
so ohne Zähne sieht man ziemlich dämlich aus.
Denn nur noch auf seinen Felgen rum zu kauen,
kann einem die Lebensqualität tierisch versauen.
Doch so einen Zahnersatz, liebe Frau, lieber Mann,
sich leider, vermutlich nicht jeder leisten kann.
Die Krankenversicherungen da etwas unterstützen,
nur zu gering, so dass sie einigen nicht allzu viel nützen.
Kommt man aber dann doch zu einem neuen Gebiss,
ob es funktioniert, ist aber noch lange nicht gewiss.
So einen Fremdkörper in seinen Mund zu spüren,
kann zu allerlei unerwarteten Irritationen führen.
Abgesehen davon, dass es nicht sofort passt,
passiert es, dass man dieses Ding erstmal hasst.
Was man hat locker vorher problemlos zerkaut,
man ab und dann belämmert in die Röhre schaut.
Kämpft verbissen kauend bis die Kiefer schmerzen,
man nimmt dieses Dilemma sich sehr zu Herzen.
Zwar hat man nun superschöne weiße Zähne,
aber schon wichtig, dass man dies erwähne.
Der Halt ist nicht immer unbedingt praktikabel,
und endet oft unschön, sprich mehr als blamabel.
Hängt im leckeren Apfel das Gebiss, beispielsweise,
in Gesellschaft, zieht die Geschichte seine Kreise.
Auch auf Haftcreme ist nicht immer Verlass,
so ein Ersatz, mal echt spannend bis krass.
Bis man damit zu leben lernt, dauert es seine Zeit,
ist man gewöhnt daran, verschwindet meist das Leid.

Erlöse mich!

Befreie mich von diesem Zwang,
nimm von mir den ungeheuren Drang.
Mir fehlt die Freiheit nicht alles zu sehen,
um einfach mal locker weiter zu gehen.
Wenn andere einen Fehler machen,
kann ich darüber einfach nicht lachen.
Der Zwang in mir, hält mich auf Trapp,
ärgere mich ständig und das nicht zu knapp.
Finde immer ein Haar in der Suppe,
als Fanatiker ich mich entpuppe.
Sehr genau ich meine Umwelt betrachte,
auf jede Kleinigkeit ich streng achte.
Meine Wut übermannt mich mit Urgewalt,
bricht aus mir heraus, macht vor nichts Halt.
Streife mit Röntgenblick durch die Lande,
will erziehen, diese gedankenlose Bande.
Oft genug ich mich ins Unrecht setze,
und andere auch mal beleidigend verletze.
Eine Idee daraus mir entspringt,
auch wenn es etwas seltsam klingt.
Ein Zauber könnte mich befreien von diesem Bann,
komm herbei oh Wunder und fang gleich damit an!

Ich muss!

Ich muss unbedingt aufräumen,
aufgehäuft an Unrat habe ich zu viel,
was soll weg, was kann bleiben,
verschwommen, unklar ist das Ziel?

Eine Menge hat sich da angesammelt,
ich muss das ordentlich durchdenken,
will nicht was Falsches entsorgen,
mein Auge auf das Wesentliche lenken.

Hab lange die Last mit mir rumgeschleppt,
nicht in der Lage mich von Dingen zu trennen,
noch ist sehr viel Zweifel, Widerstand in mir,
kann es nicht mal klar und deutlich benennen.

Es geht da nicht um Tand in meinen Keller,
und das was an Nippes sich hat angehäuft,
nein, dass was in meinem Innersten ich trage,
nicht einfach mir nichts, dir nichts, sich verläuft.

Seit Jahren es mich verfolgt und bedrückt,
alle Anstrengungen in der ganzen Zeit,
sie gingen fort und kamen immer wieder,
aber vielleicht bin ich jetzt endlich soweit.

Bin gespalten, weiß nicht was passiert,
geht es mir besser, wenn ich davon befreit?
Will ich es loswerden oder doch behalten,
ist das jetzt überhaupt die richtige Zeit?

So oft der Versuch in mir Ordnung zu schaffen,
loslösen von all den Ballast in mir, aufgeräumt,
und es geschieht von neuem, immer wieder,
dass etwas sich in mir wehrt, dagegen aufbäumt.

So mein stetes Scheitern, zu tief es in mir verankert,
meinte befreit zu sein und Schwupps zieht es wieder ein,
muss es wohl akzeptieren, damit für immer zu leben,
lasse das kämpfen gegen meiner selbst zukünftig sein.

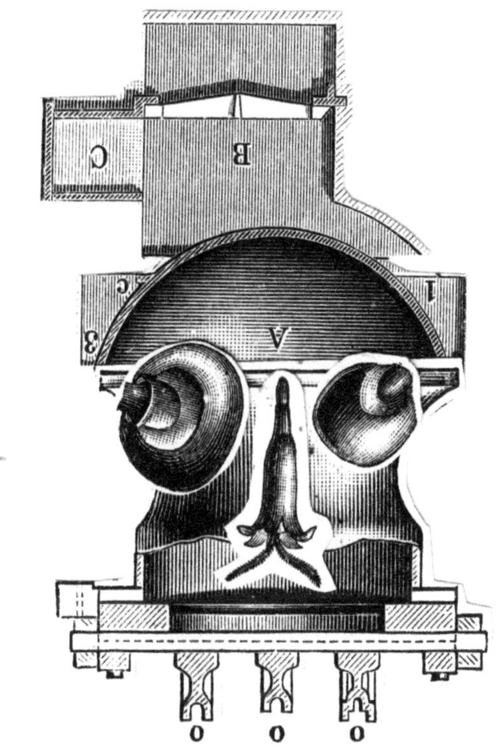

Nur das allein zählt!

Warum trennen wir,
zwischen
normal und unnormal?
Welche Hautfarbe
jemand hat
oder seine sexuelle
Orientierung?
Mit oder
ohne Handicap?
Ob ein Riese
oder Zwerg?
Welche Religion
jemand lebt?
Wieso ist es
so wichtig
für uns,
auf Unterschiede
zu achten?
Obwohl wir
eines weltweit
gemeinsam haben,
wir sind Mensch!
Und das
in allererster Linie.
Schlechter Mensch,
guter Mensch!
Wer hat
das Recht dazu,
darüber zu entscheiden?
Der gute,
weil er weiß
was schlecht ist?

Der schlechte,
der nicht weiß
was gut ist?
In allen Kulturen,
ist gut und schlecht
nicht das gleiche.
Warum sind wir
nicht farbenblind?
Warum müssen wir
immerzu bewerten
und unterscheiden?
Woher wollen ausgerechnet
wir wissen,
was richtig oder
falsch ist?
Warum sehen wir,
nicht nur
den Menschen,
der ein Herz hat
wie wir?
In seinen Adern
fließt Blut.
Er hat die
gleichen Organe
die er braucht,
um zu leben,
wie wir auch!
Es gibt keinen
Unterschied,
da steht zweifelsfrei
vor uns,
ein Mensch.

Aber er ist
ein Eindringling,
sieht anders aus.
Er versteht nicht
unsere Sprache,
denkt anders.
Seine Kultur
ist uns fremd.
Der passt nicht rein,
macht uns Angst!
Doch er ist
Mensch!
Sowie du und ich.
Nicht mehr,
nicht weniger,
Mensch!
Das alleine
und nur das zählt.
MENSCH!!!

Das sind wir!

Hallo! Wir sind Murat, Bernd und Barbara,
mit unseren Amir, den Chauffeur,
an jedem Wochentag sind wir für euch da,
fahren durch die Stadt, kreuz und quer.
Wir entsorgen emsig euren Müll.
Schleppen immer die schweren Tonnen,
eine saubere Stadt ist unser Ziel,
doch einige sind uns nicht wohl gesonnen.
Viel zu oft werden wir angemotzt, recht schäbig,
manche Autofahrer uns regelrecht hassen,
sind zu langsam und viel zu behäbig,
verstopfen mit Absicht ihre Gassen.
Aber würde es solche wie uns nicht geben,
wie sähe unsere Stadt nach kurzer Zeit wohl aus?
Das zu verhindern ist unser Streben,
kommt es auch dadurch zu längeren Staus.
Egal, auch wenn es stürmt und schneit,
bei Straßenfesten und Demonstrationen,
sind am Wochenende wir einsatzbereit,
wir wollen das einfach auch mal betonen.
Straßenfeger unermüdlich ihre Besen schwingen,
sorgen auf Wegen für Ordnung und Sauberkeit,
abfällig von manchen die Worte über sie klingen,
das geht doch wohl eindeutig viel zu weit.
Lasst den Dreck doch mal liegen,
nur mal für ein paar Wochen,
schnell werdet ihr die Panik kriegen,
wenn Ungeziefer kommt gekrochen!

Immer die!

Ich habe es immer sehr eilig,
bin verdammt knapp in der Zeit,
Stau in der Straße, nichts geht voran,
Stillstand seit einer gefühlten Ewigkeit.

Wieder mal die Müllabfuhr,
den Verkehrsweg voll blockiert,
meine Laune richtig heftig mies,
die Verursacher das nicht tangiert.

Schon klar der Dreck muss weg,
aber doch nicht zur Hauptverkehrszeit,
wieder mal zu spät ich in die Arbeit komm,
als hätte ich nicht genug Ärger und Streit.

Sie müssen ihre Arbeit machen,
ich sehe das natürlich schon ein,
fordern aber meine Geduld heraus,
könnten wirklich etwas schneller sein.

Sie zeigen mir deutlich ihre Macht,
quälend langsam sie ihr Werk verrichten,
so mein Denken in diesen Moment,
die Zorneswolken in mir sich verdichten.

Obwohl ich es doch genau weiß,
das Problem ist nicht die Müllabfuhr,
sie machen einen guten Job,
aber statt flexibel bin ich stur.

Der Fehler liegt bei mir ganz allein,
sollte nicht die Schuld bei denen suchen,
denn die können sicher nichts dafür,
Schalter umlegen, anstatt zu fluchen!

Edelweiß

In den Bergen wächst das Edelweiß,
es unter strengen Naturschutz steht,
wie so hoffentlich wohl jeder weiß.

Kaiserin Sissi trug das Edelweiß
aus Juwelen trug sie diese in ihrem Haar,
ihr Franzl pflückte sie als Liebesbeweis.

Bauchwehblümchen im Volksmund so genannt,
in Milch und Honig heiß gekocht,
wird es gegen Bauchzwicken angewandt.

Lange Zeit war es Brauch und Gepflogenheit,
seiner Liebsten diese zu pflücken,
bewies man ihr damit Mut und Tapferkeit.

Um es in steiler Wand zu pflücken,
bin nicht mit diesen Eigenschaften gesegnet,
könnt' meine Liebste nicht damit entzücken.

Edelweiß du mein Alpenjuwel,
bist wunderschön und stark,
mach aus meiner Liebe zu dir kein Hehl.

Gewohnheiten

Sie mich ein Leben lang werden begleiten,
sind die kleinen und großen Gewohnheiten.
Im Doppelbett ist immer rechts meine Seite,
ich immer den gleichen Weg beschreite.
Meine Türe sperre ich gewöhnlich zweimal zu,
überprüfe es auch, sonst finde ich keine Ruh.
Bin es gewohnt, dass sie mich küssend begrüßt,
wenn nicht, dann etwas komisch für mich ist.
Wenn irgendwas meine Gewohnheiten durchbricht,
bin ich verstört, gefällt mir in keinerlei Weise nicht.
Ich gerne immer am selben Platz, Platz nehme,
geht das nicht, ich mich dann doch sehr gräme.
Auch ziehe ich immer erst den rechten Schuh an,
und erst dann ist logischerweise der linke dran.
Aus reiner Gewohnheit die Zigarette danach,
nach dem Aufstehen, erst dann bin ich wach.
Schaffe ich es morgens mal nicht zu Duschen,
komme ich nicht so wirklich in die puschen.
Gewöhnlich schlafe ich schon immer am liebsten nackt,
Schlafanzug habe ich ganz hinten im Schrank gepackt.
Liebe es auch sehr, textilfrei schwimmen zu gehen,
in Badehose bin ich nur in Ausnahmen zu sehen.
Bin gewohnt an meine lieben Gewohnheiten,
drum hat es keinen Sinn mit mir darüber zu streiten!

Phänomen

Für uns Menschen war schon ehedem,
das Wetter immer ein Phänomen.
Die einen freuen sich, wenn es schneit,
für andere ist es die pure Höllenzeit.
Einigen ist das Frühjahr zu kalt und nass,
finden es furchtbar, einfach nur krass.
Wiederum empfinden es viele genau richtig,
Wasser ist für unsere Natur extrem wichtig.
Wenn gewaltige Stürme ziehen übers Land,
dass nichts gegen die Naturgewalt hält stand.
Menschenleben, Existenzen werden zerstört,
nur kurz die Allgemeinheit sich darüber empört.
Auch gibt es welche die es fasziniert,
deren Seele regelrecht danach giert.
Sehr schnell rückt im Hintergrund der anderen Leid,
wir sind Meister der Verdrängung und Gedankenlosigkeit.
Seit Anbeginn des Menschen hier auf Erden,
muss alles besser und immer noch besser werden.
Der Fortschritt zieht uns alle in den Bann,
machen was wir wollen, die Erde ist uns Untertan.
Ohne Hemmungen und rücksichtslos wir agieren,
über Ozonlöcher und Co2 Belastung wir debattieren,
Doch für viele in dieser unserer nicht mehr so schönen Welt,
geht nur um Profit durch Ausbeutung, nur das allein zählt.

Abschied

Abschied nehmen wie schwer,
unbegreifbar, belastet so sehr.
Obwohl bewusst, das Ende nah,
man es doch nicht kommen sah.
Die Hoffnung bestand bis zuletzt,
hat verzweifelt auf ein Wunder gesetzt.
Trauer übernimmt das Regiment,
Tränen fliesen, oft auch ungehemmt.
Hat man etwas versäumt, falsch gemacht,
Fragen wie diese, quälen Tag und Nacht.
Leere macht sich in einen immer mehr breit,
viel zu groß der Verlust, das innere Leid.
Hat man wertvolles in seinem Leben verloren,
was hat das Schicksal denn noch auserkoren.
Es gibt nur ein vorher, nicht ein danach,
man ist verloren, einsam und schwach.
Vielleicht heilt die Zeit auch mal die Wunden,
man kommt dann wieder besser um die Runden.
Doch ist für solche Gedanken kein Raum,
man ist in Vakuum, ein schlimmer Traum.
Irgendwann erinnert man sich an das verlorene Glück,
und denkt mit Freuden an die gemeinsame Zeit zurück.

Müllbremse

Ich habe es immer sehr eilig,
bin verdammt knapp in der Zeit,
nichts aber auch gar nichts geht voran,
Stillstand und das schon seit Ewigkeit.

Da steht ein Wagen von der Müllabfuhr,
und er die ganze Straße voll blockiert,
ich finde das echt frech und gemein,
den Verursachern dies Scheins nicht tangiert.

Mir schon klar, der Dreck muss weg,
aber doch nicht immer am frühen Morgen,
ich wieder mal zu spät in Firma komm,
als hätte ich nicht schon genug Sorgen.

Natürlich müssen sie ihren Job machen,
er muss ja beseitigt werden unser Müll,
doch verlier ich regelmäßig die Fassung,
sie arbeiten extrem langsam, so mein Gefühl.

Sie zeigen welche Macht sie haben,
was sie verursachen ist ihnen egal,
in aller Ruhe geht es gemütlich voran,
und das passiert in der Woche zweimal.

Das ich ungerecht bin,
ist mir schon durchaus bewusst,
ich sollte was verändern,
um zu vermeiden meinen Frust.

Statt ihnen etwas Absurdes zu unterstellen,
wäre es von mir vielleicht in Zukunft schlau,
zeitig aufstehen und früher losfahren,
statt laut schimpfend zu stehen im Stau.

Genervt

Sie kann es nicht leiden,
kann sich nicht daran weiden.
Wenn ich ihr ins Ohr säusle,
du mein zuckersüßes Mäusle.
Mein so wunderschönes Röslein,
für immer und ewig bin ich dein.
Hol dir die Sterne vom Himmel,
bin dein Prinz auf dem Schimmel.
Du bist der Schöpfung schönste Krone,
bist du bei mir, scheint die Sonne.
Auch Mausebärchen und Zuckerschnute,
hasst sie wie die Pest, die Gute.
Dieses Gesäusel behagt ihr nicht,
da macht bei ihr wirklich alles dicht.
Ich neige da schon eher dazu,
stehe ein wenig auf diesen Schmu.
Kann aber ihre Abneigung gut verstehen,
sie kann nur wenig Freude darin sehen.
Gerne ziehe ich sie manchmal damit auf,
setze ganz bewusst noch einen drauf.
Allenfalls, mein Schatz ist mir erlaubt,
ihr dies nicht die Sinne gleich raubt.
Doch eines geht ganz ohne Schmalz,
davon bekommt sie keinen dicken Hals.
Ich liebe sie mit Haut und Haar,
sie ist so einzigartig, wunderbar!

Ärgernis

Es ist schon ein sehr komisches Gefühl,
der Umgang von einigen mit ihrem Müll.
Egal wo sie stehen oder gehen,
ist ihre Hinterlassenschaft zu sehen.
Dieses Verhalten ist eine einzige Sauerei,
sie denken sich nicht einmal was dabei.
Fordert man sie auf es aufzuheben,
kann man sein blaues Wunder erleben.
Öffentliche Mülleimer werden zugemüllt,
so dass derselbe vor Dreck überquillt.
Der Rest wird achtlos daneben geschmissen,
Ungeziefer laben sich daran beflissen.
Freiwillige sammeln regelmäßig auf den Dreck,
den so viele unbekümmert werfen einfach weg.
Da wird gefeiert hemmungslos an Parkbänken,
ihren verbliebenen Müll sie keine Beachtung schenken.
Bier-und Weinflaschen werden mutwillig zerdeppert,
macht wohl erst richtig Spaß, wenn es richtig scheppert.
Das unsere Kinder unter dem Dreck leiden,
sich Hunde ihre Pfoten böse zerschneiden.
Sie verschwenden keinen Gedanken, es ist scheißegal,
betrachten ihr asoziales Verhalten vielleicht als normal.
Wären da nicht die emsigen Straßenkehrer,
und die nimmermüden Mülleimerauslehrer.
Würden wir in den ganzen Dreck erbärmlich ersticken,
und die ganze Stadt würde nach Scheiße stinken.
Aber keiner von den Saubären würde den Job machen,
sie erdreisten sich über die Menschen zu lachen.
Man sollte den Müllentsorgern Medaillen verleihen,
dass sie tagtäglich beseitigen unsere Schweinereien.

Entsorgung

Sorgen einen zuweilen fast erdrücken,
hindern daran entspannt nach vorne zu blicken.
Oft wird man vor lauter Sorgen richtig krank;
kann nicht mehr klar denken, Nerven liegen blank.
Könnte man seine Sorgen doch einfach entsorgen,
entspannt einschlafen und aufwachen am Morgen.
Sind Sorgen notwendig für unser Leben,
sie spinnen uns ein wie Spinnweben?
So ein Sorgenentsorgungsprogramm wäre eine coole Sache,
wäre doch super, wenn man keine Sorgen sich mehr mache.
Was wäre das für ein Leben, für immer sorgenfrei,
fraglich ob man wirklich glücklicher wäre dabei?
Wofür haben denn Sorgen eigentlich einen Sinn,
kommt man durch sich sorgen zu einem Gewinn?
Kann man etwas ändern, wenn man sich Sorgen macht,
wenn sowieso doch alles über einem zusammenkracht.
Manche Sorgen merkt man, waren völlig überzogen,
hat man sich völlig sinnlos umsonst verbogen.
Aber wäre sorgenfreies Leben überhaupt möglich,
ich glaube, sich nicht sorgen können, wäre unerträglich.
Aus Liebe und Anteilnahme man ganz normal Sorge fühlt,
dass für mich eine ganz entscheidende Rolle dabei spielt.
Ja aber auch die Sorge um das eigene Wohl,
schon ein nicht unbedeutender Punkt sein soll.
Sich Sorgen zu machen ist elementar,
das wird mir mehr und mehr sonnenklar.
Es ist auch schön, wenn sich jemand Sorgen macht,
man nicht allein ist in so manch dunkler Nacht.
Ich will dann meine Sorgen doch nicht entsorgen,
habe Sorge mir bliebe vieles entsagt und verborgen!

Nach einer Idee von Jutta Loskill

Nur mal so

Eben einfach mal im Gesicht ein lächeln,
statt verbissen durch den Tag zu hecheln.
Oder auch nur ein freundliches Nicken,
seinem Gegenüber offen in die Augen blicken.
Ein paar nette Worte über den Tag verteilt,
geht eigentlich immer auch wenn es eilt.
Sowie eine Bitte oder Danke nicht zu vergessen,
einen Guten Appetit kommt gut vorm Essen.
Es gibt sehr viele solcher Freundlichkeiten,
die einen den Alltag angenehmer bereiten,
doch dies ist sehr leicht daher gesagt,
dass es anders ist wird oft beklagt.
Es ist nicht leicht für uns das so umzusetzen,
oft ist nicht bewusst, wie wir andere verletzen.
Ich selbst könnte ein Lied davon singen,
Freundlichkeiten an den Tag zu bringen.

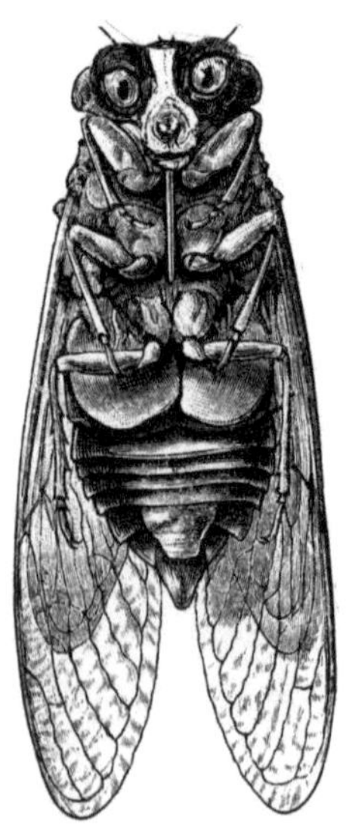

Reingefallen

So habe ich mir das keinesfalls vorgestellt,
gehe zu unbedarft, blauäugig durch die Welt.
Ich kann mich auf die Worte verlassen und so,
dann aber doch der berühmte Griff ins Clo.
Schon wieder wurde ich über den Tisch gezogen,
von hinten bis vorne war es erstunken und gelogen.
Glaubte, ich kann dem Gesagten vertrauen,
meine Hoffnung getrost darauf aufbauen.
Wähnte mich auf der sicheren Seite,
stattdessen erlebte ich die nächste Pleite.
Menschenkenntnis ist nicht gerade meine Stärke,
wie ich zum wiederholten Male enttäuscht bemerke.
Betrüger und Bauernfänger haben es bei mir leicht,
mit blumigen Worten bei mir das Ziel easy erreicht.
Zu oft ist mir dieses schon geschehen,
warum das so ist kann ich nicht verstehen.
Man kann es wohl als Dummheit benennen,
mit offenen Augen ins eigene Unglück zu rennen.
Gesundes Misstrauen ist bei mir nicht vorhanden,
darum können so Typen immer wieder bei mir landen.
Könnte ich mir doch irgendwo etwas Misstrauen kaufen,
dann würde so manches bei mir nicht gar so blöd laufen!

Mal eben

Nur mal eben ganz schnell,
ein Loch in die Wand bohren,
das ist kein großes Ding,
hat schon so gut wie verloren.

Ich setz den Bohrer an,
und schon geht's in die Wand,
zwei Zentimeter sind geschafft,
geh super gut von der Hand.

Doch hinter Putz und Mauerwerk,
etwas sehr Unheilvolles lauert,
der Bohrer fängt zum Qualmen an,
die Aktion wohl doch länger dauert.

Die Wand sich sehr heftig wehrt,
nur Millimeterweise dringe ich ein,
auf meiner Stirn glänzt der Schweiß,
der Zweikampf wird richtig gemein.

Nach ewig langer Zeit,
ist endlich das Loch in der Wand,
das war eben mal ganz schnell,
voll daneben geplant.

Schon wieder?

Ihr habt mich meiner Grundrechte beraubt,
wohl wissend das ist euch nicht erlaubt.
Hier und jetzt will ich mich darüber beschweren,
Maske zu tragen, dagegen werde ich mich wehren.
Angeblich rafft dieser Virus viele Menschen hin,
wir werden belogen, es ergibt nur einen Sinn.
Zu Lemmingen sollen wir mutieren,
und blind der Masse hinterher marschieren.
Den Virus so gefährlich gibt es nicht,
wir kämpfen bringen die Wahrheit ans Licht.
Eine weltweite Verschwörung ist da im Gange,
wir sehen die Wahrheit, sie machen uns nicht Bange.
Die Mächtigen der Welt wollen uns versklaven,
wann immer sie es für nötig halten uns bestrafen.
Wir werden jetzt schon unserer Menschenrechte beraubt,
man muss nur genau hinsehen, falls es jemand nicht glaubt.
Die ach so schlimme Pandemie ist sowas von verlogen,
das Volk sind wir und wir werden hemmungslos betrogen.
Genau diese oder ähnliche Parolen quälen meine Ohren,
wie ihr euch auch nennt ihr habt die Bodenhaftung verloren.
Ihr spuckt auf die Opfer auf die so vielen Toden,
euer vermeintliches Recht auf Freiheit lässt euch so toben.
Verantwortung aber könnt und wollt ihr wohl nicht tragen,
sonst müsstet ihr die Erkrankten und Verstorbenen beklagen!
Ihr stellt die abstrusesten, wahnwitzigsten Theorien auf,
spaltet die Gesellschaft und seid auch noch stolz darauf.
Spielt den Reichsbürgen und Ultrarechten in die Hände,
aber sie sind es die unserem Grundgesetz machen ein Ende.
Tretet mit Füßen den wichtigen demokratischen Gedanken,
ihr seid gegen jede Öffnung, ihr schließt die Schranken.
Ich habe große Angst vor euerem Gedankengut,
dem entgegenzutreten erfordert mehr als nur Mut.
Eueren Frevel, euere ungeheure Menschenfeindlichkeit,
wenn ihr damit durchkommt, wiederholt sich eine schlimme Zeit!

Sturm – Wut

Wenn der Zorn mich überrollt,
wie Donner vor Gewitter grollt.
Die Stirn wie ein Wolkenberg sich kraust,
Gedanken wie Äste vom Wind zerzaust.
Verdunkelt wird dann meine Welt,
nichts mehr im Zaum mich dann hält.
Wie ein Regenguss strömt der Worte Schwall,
überschwemmt alles, sowie der Fluss das Tal.
Hat dann das Gewitter sich endlich verdrückt,
halten sich die Betroffenen noch leicht gebückt.
Könnte ja vielleicht noch was kommen,
nicht sicher das mein Zorn sich hat verkrochen.
So wie ein Gewitter Spuren hinterlässt,
bleibt auch vom Zorn im Raum ein Rest.

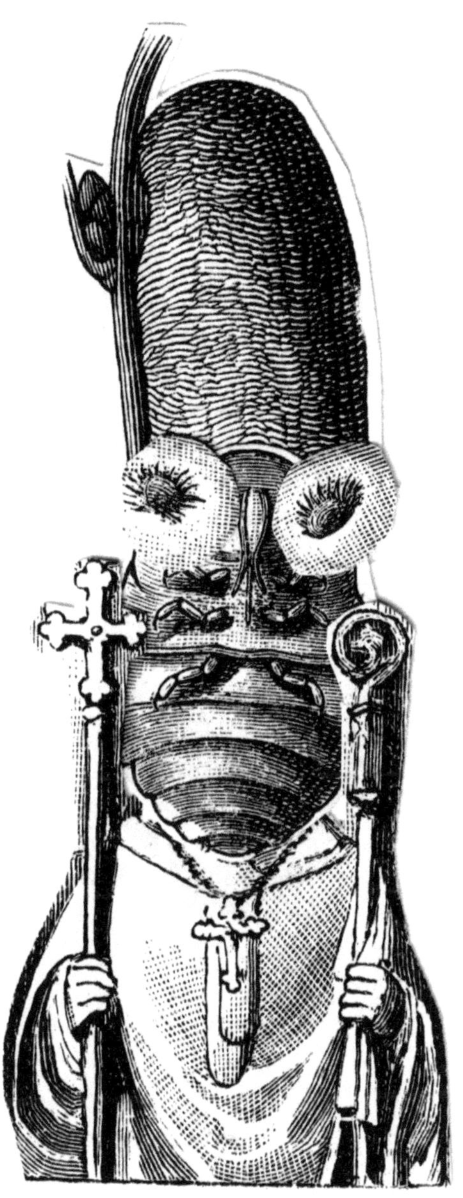

Bleib draußen

Die Morgensonne in mein Zimmer scheint,
dieser Morgen es besonders gut mit mir meint.
Im Bett noch herzhaft meine Glieder gestreckt,
Autsch, ein neues Zipperlein an mir entdeckt.
Dann das üblich alltägliche Morgenritual,
kein Raum für Kummer und geblasenen Trübsal.
Anschließend den Morgenkaffee zu bereitet,
von heiterer Musik aus dem Radio begleitet.
Gewöhnlich würde ich jetzt Nachrichten schauen,
vermutlich würde mir das meine Top Laune versauen.
Die Nachrichten zurzeit nicht sehr erbaulich sind,
fast überall auf der Welt weht ein rauer Wind.
Normalerweise ich Nachrichten nicht ignoriere,
ich mich für das Weltgeschehen sehr interessiere.
Das will ich mir wenigsten heute mal ersparen,
vielleicht mit dem Fahrrad mal ins Grüne fahren.
Später schaue ich mir auf DVD einen Film an,
Comedian Harmonists oder der Dritte Mann.
Könnte mir aber eine Dokumentation reinziehen,
einfach mal den Druck von außen entfliehen.
Habe auch schon eine Weile kein Buch mehr gelesen,
so ein Ruhetag war schon lange nicht mehr gewesen.
Ich mache das was mir gerade so einfällt,
lasse draußen den Irrsinn auf dieser Welt!

Stillstand

Von einer Sekunde,
auf die andere,
geht nichts mehr,
du liegst flach.
STILLSTAND!
Dein Akku ist aufgebraucht
nichts ist mehr möglich,
die Signale sind eindeutig,
Ruhe ist nun gefragt.
STILLSTAND!
Dein Körper zeigt es dir deutlich,
nur dein Kopf weigert sich,
er begehrt dagegen auf,
will es partout nicht wahrhaben.
STILLSTAND!
Die Regeneration dauert,
langsam spielt der Kopf mit,
er hat es eingesehen,
so wichtig das Ganzheitliche.
STILLSTAND!
Nach einer Weile geht es wieder,
dein Akku ist wieder aufgeladen,
vielleicht hast du was gelernt,
was du brauchst bevor es zu spät ist:
STILLSTAND!

Lebensbedrohlich?

Sie stand auf der Brücke,
hat Selfies geschossen,
da stach sie eine Mücke,
während ihrer Posen.

Das Smartphon vor Schreck,
flutschte aus ihrer Hand,
landete nicht im Dreck,
und auch nicht an Land.

Der Fluss gierig es verschlang,
unwiderruflich in seinen Fluten,
ein schriller Schrei erklang,
man sah ihr Herz förmlich bluten.

Lebenserhaltungssystem vernichtet,
kam einer Katastrophe gleich,
die halbe Existenz zu Grunde gerichtet,
ihre Knie wurden ganz weich.

Sie hat einen Teil ihres ich's verloren,
unwiderruflich für alle Zeit,
Gedanken durcheinander, verworren,
unermesslich ist ihr Leid.

Wenn das wäre mir geschehen,
kaum auszumalen was dann,
ich hätte nur noch rotgesehen,
und wäre explodiert wie ein Vulkan.

Ein Geschenk?

Meine Frau heute ihren Geburtstag hat,
über ihr Geschenk war sie vor Freude platt.
Als sie sich bedankte habe ich sie gedrückt,
sie wirkte so ganz und gar durchaus verzückt.
Dann habe ich sie nur so ein wenig hochgehoben,
da hat sich laut knackend bei ihr etwas verschoben.
Sehr erschrocken haben wir uns beide,
sie sah auch aus ob wenn sie arg leide.
Irgendwie fühlte sich alles seltsam für mich an,
Angst kroch in mir hoch, was habe ich nur getan?
Wir fuhren dann sofort zum Unfallarzt hin,
bei ihren Schmerzen machte das auch Sinn.
Nach einer Weile war sie dann an der Reihe,
im Moment ich mir das so schnell nicht verzeihe.
Röntgen laut Arzt in dem Fall nicht notwendig war,
nach sorgfältigem Abtasten war die Diagnose klar.
Verschoben waren die Knorpel in ihrer Brust,
doch sie lacht auch noch, hat keinerlei Frust.
Obwohl sie wochenlang Schmerzen haben wird,
sie kein böses Wort über mein Ungeschick verliert.
Ich war im Überschwang, habe es nur lieb gemeint,
auch wenn es wie Misshandlung so erscheint.
Das wollte ich ihr sicher nicht zum Geburtstag schenken,
aber an dieses Geschenk wird sie wohl noch lange denken!

Gegen den Wind

Ging zur Dämmerung am Strand entlang,
Wellen entladen sich laut tosend,
der Wind so stürmisch, erschwert meinen Gang,
die Wellen auslaufend, den Sand liebkosend.

Spuren sich graben tief in den Sand,
um gleich darauf wieder zu verschwinden,
der Blick übers Meer, zu sehen kein Land,
kann unendliche Weite empfinden.

Voll Schönheit und Gewalt zugleich,
die Natur so ihr Gesicht mir zeigt,
ich fühle mich klein und doch so reich,
mein Spaziergang sich dem Ende neigt.

So oft dies Schauspiel schon erlebt,
und mich erneut zum Staunen gebracht,
im siebten Himmel geschwebt,
im Turm das Licht hält stets seine Wacht.

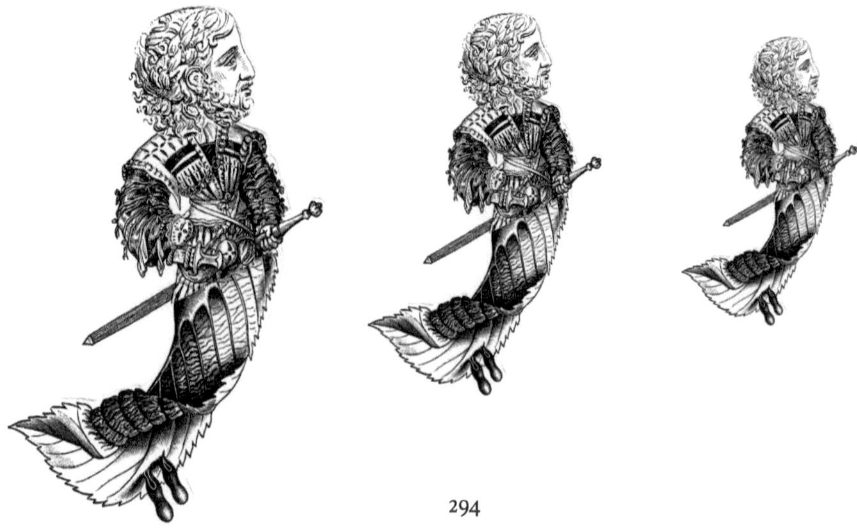

Hätt's nicht gebraucht!

Das ist wahrhaftig nicht famos,
es ist einfach viel zu viel los.
Menschen gedrängt dicht an dicht,
niemand trägt die Maske nicht.
So irrsinnig viele wollen auf die Insel,
Hunde wettstreiten mit ihrem Gewinsel.
Erst nach einer gefühlten Ewigkeit,
wie Kaugummi lang, so zog sich die Zeit.
Endlich legte die Fähre im Hafen an,
ein Seufzer ging durch Kind, Frau und Mann.
Für die Masse gab es nun kein Halten mehr,
in Null Komma nichts war das Ding leer.
Doch bei der Gepäckausgabe, oh Schreck,
alle Koffer waren da, nur meiner war weg.
Suchend geht mein Blick über den Platz,
versuch ruhig zu bleiben, meint mein Schatz.
Doch da fällt mir von Herzen ein Stein,
in einer Ecke verborgen, Mutterseelen allein.
Aber endlich dann im Ort angekommen,
von der Aufregung noch verwirrt und benommen.
Beginnen kann der ersehnte Urlaub nun,
keine Hektik, keinen Stress, nur noch ruh'n.

Seelenvampir

Hilf mir bitte, Hilf,
am Sinken ist mein Schiff.
Du, mein Anker in der Not,
ohne dich wäre ich schon tot.
Alle haben mich schnöde verlassen,
wo einst Liebe, sie mich nun hassen.
Sie schlugen mir ihre Türe vor der Nase zu,
der Einzige der noch für mich da ist, bist du.
Ohne dich ich restlos verloren bin,
wärest du nicht, hätte alles keinen Sinn.
Der Druck von ihm stieg immer mehr,
dies auszuhalten war unheimlich schwer.
Alles was ich ihm gab, schlug er in den Wind,
sein Verhalten war ärger als bei einem Kind.
Ich habe ihm nie gesagt, was er hören wollte,
habe nicht verstanden was das alles noch sollte.
Er laberte mich voll bis meine Ohren voller Blut,
doch das was ich auch vorschlug war einfach nie gut.
Gab ich ihm eine mögliche Lösung in die Hand,
lehnte er sie ab, setzte sie wiederholt in den Sand.
Seine Probleme würden bald zu meinem,
er wäre glücklich und ich würde Weinen.
So ein Freund immer wieder mit mir sprach,
nun ist es vorbei, es dauerte bis ich mit ihm brach!
Um mich zu schützen musste ich gehen,
konnte nicht weiter zu ihm stehen.
Er hat mich fast vollends ausgesaugt,
schweren Herzens am Boden und ausgelaugt.

Wie herrlich!

Es gibt für alles ein Problem,
es zu lösen nicht unbedingt genehm.
Kein Problem, wie fad wäre die Welt,
ein Problem die Spannung hoch hält.
Probleme sind nicht da um sie zu lösen,
wer das will gehört zu den Bösen.
Schließlich machen Probleme interessant,
ein Opfer hat man immer schnell zur Hand.
Man saugt andere aus nach Herzenslust,
versorgt sie mit schlechter Laune und Frust.
So schafft man es Probleme zu verbreiten,
Probleme her mit euch, welch herrliche Zeiten!

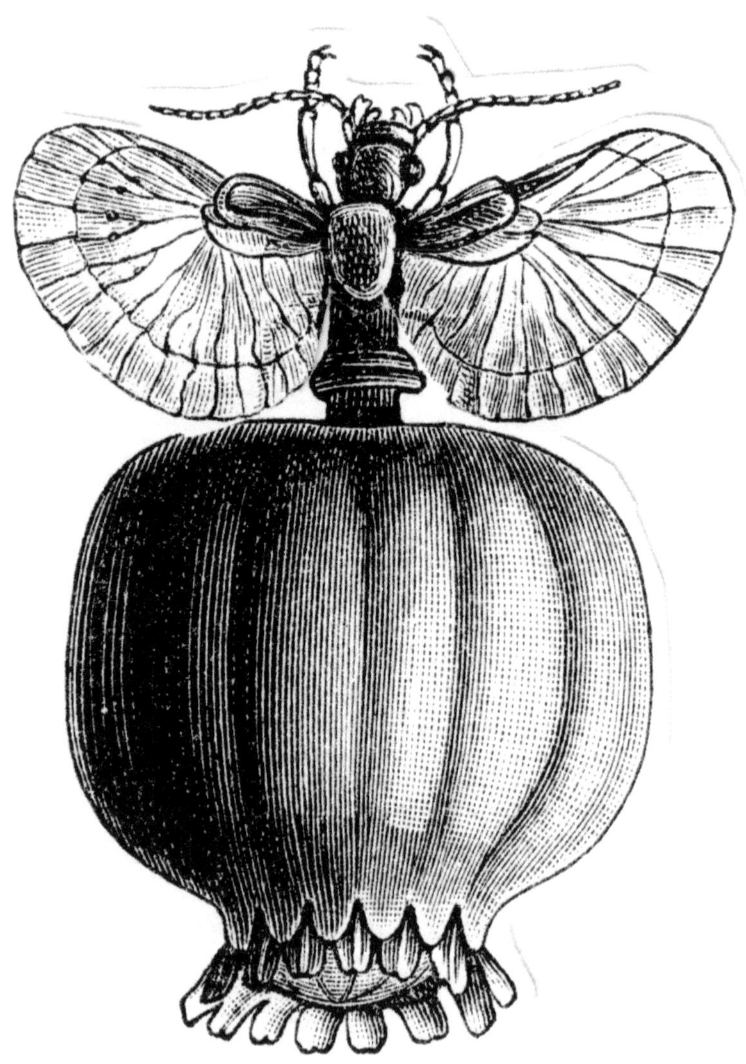

Es ist Zeit
zum träumen.

Nein!

Nein zu sagen fällt mir meist sehr schwer,
wenn doch, nagt mein Gewissen an mir sehr.
Werde ich gefragt ob ich mal helfen kann,
sage ich ja und bereue es später dann.
Grundsätzlich bin ich auch gerne bereit,
doch oft geht es über meine verfügbare Zeit.
Würde es dann gerne rückgängig machen,
doch meine Ehre verbietet mir solchen Sachen.
Natürlich wird meine Bereitschaft auch ausgenutzt,
sage ich doch mal nein, wirken sie verdutzt.
Ob ihrer Enttäuschung fühle ich mich dann schlecht,
rechtfertige mich, mein Bedauern ist aber nicht echt.
Dass ein Nein durchaus in Ordnung ist,
dafür braucht es keine Ausrede oder List.
Zu oft sage ich ja obwohl alles nein in mir schreit,
ich muss etwas ändern es wird höchste Zeit.
Habe Angst bei anderen nicht gut da zu stehen,
und sie mich dadurch im schlechten Bilde sehen.
Wie ich da rauskommen soll, weiß ich nicht,
von mir ein Nein mir ab und dann das Herz zerbricht.
Dies Problem mich schon ein Leben lang begleitet,
zumal mir jemanden zu helfen auch Freude bereitet.
Ich muss wirklich zu rechten Zeit „Nein" sagen üben,
ohne Rechtfertigung und ohne mich zu betrüben.

So geht's nicht

Die Kälte dringt durch meine Glieder,
mir ist das wirklich höchst zuwider.
Günstig wäre ich würde mich bewegen,
doch es spricht viel zu viel dagegen.
Gestern noch hat mich die Sonne gewärmt,
hab von dem schönen Wetter geschwärmt.
Und heute ist es saukalt, trist und grau,
betrübt schaudernd ich in den Himmel schau.
Ich will auch nicht jetzt schon heizen,
bei den Energiepreisen muss ich geizen.
Habe mich echt schon dick eingepackt,
doch die Kälte unaufhörlich an mir zwackt.
Lieber Petrus ich muss dich mal was fragen,
warum quälst uns so sehr mit solchen Tagen?
Hast du denn überhaupt irgendwelchen Plan,
drehst nach Lust und Laune an dem Hahn.
An einem Tag lässt du brutal die Sonne scheinen,
am nächsten hört der Himmel nicht auf zu weinen.
Petrus du bist ein arg launenhafter Gesell,
hör auf uns zu trizen und das auf der Stell.
Vielleicht sollte man deine Stelle neu ausschreiben,
denn so wie es jetzt ist kann und darf es nicht bleiben.
Ich habe deine Kapriolen endgültig satt,
mich beutelst hin und her, dadurch bin ich platt.
Ich sage es ganz heimlich leise und verstohlen,
wenn du so weitermachst könnte dich der Teufel holen!

Dudu

Der Dudufinger allseits bekannt,
Weltweit wirklich in jedem Land.
Er sich sehr unterschiedlich zeigt,
zur emsigen Ruhelosigkeit er neigt.
Wer den Dudufinger etwa nicht kennt,
üblicherweise man ihn Zeigefinger nennt.
Vielfältig erscheint er in Ausprägung und Form,
harmlos oder unflätig individuell ohne Norm.
Der Erhobene, mein lieber pass auf,
sonst hau ich dir vielleicht eine drauf.
Der Aufspießer ist auch sehr beliebt,
er das Gefühl von Macht einen gibt.
Der Toktokdudu beleidigend ist,
blöd nur wenn es sieht ein Polizist.
Lässt man dabei noch die Stimme ertönen,
dann ist das der Dudufinger mit dröhnen.
Beim Autofahren oh liebe Frau, lieber Mann,
man den Dudu nicht so leicht zeigen kann.
Wenn man mit beiden Händen lenken muss,
aber unbedingt los werden will seinen Verdruss.
Dafür gibt es dann den Trödtröddudu,
gespickt mit Schimpfwörtern noch dazu.
Zeigedudu und Mitteldudu sind austauschbar,
wobei der Mitteldudu birgt eine große Gefahr.
Könnte sich als sehr kostspielig erweisen,
und die ganze Situation total entgleisen.
Doch zeigt der Dudufinger harmlos auf einen Platz,
Guck mal da liegt vielleicht ein großer Schatz.
Ich meinen Dudufinger in vielfältiger Weise setze ein,
viele lästern darüber, das finde ich äußerst gemein.

Nach einer Idee von Judith Brandt

Überheblich!

Muss bei einem Freund etwas reparieren,
ist nicht kompliziert kann ich mir merken,
da geht nichts schief kann nichts passieren,
ist ja schließlich einer meiner Stärken.

Ich entwickle im Kopf einen Plan,
und meine so müsste es gehen,
ich fertige sofort einen Entwurf an,
muss es bildlich vor mir sehen.

Aber irgendwas stimmt da nicht,
bringe mein Gedächtnis in Schwung,
vielleicht dringt ins Dunkle Licht,
und es kommt wieder meine Erinnerung.

Verflixt und zugenäht, wie war das denn noch,
war es die die linke oder die rechte Seite,
oder war vielleicht gar in der Mitte das Loch,
wie peinlich, stehe vor einer Pleite.

Ich der Meister komme ja ohne Notizen aus,
die Aufgabe doch recht leicht zu lösen ist,
meine Überheblichkeit macht mir den Garaus,
und so, wie übel habe ich mich selbst gedisst.

Bin ich es?

Wie zufrieden bin ich mit meinem Leben,
die Antwort ist nicht so einfach zu geben.
Zurückblickend kann ich schon sagen,
ich hatte ein ordentliches Päckchen zu tragen.
Vieles lief total schief viele Jahre lang,
unterlag permanent einen ungeheuren Zwang.
War vor mir selbst dauerhaft auf der Flucht,
meinte mein Seelenheil zu finden in der Sucht.
Habe gesucht doch niemals gefunden.
gebrütet über mein Versagen viele Stunden.
Doch irgendwann ich dann doch die Kurve bekam,
langsam wurde es besser und weniger mühsam.
So einiges schon noch immer an mir nagt,
aber ich komme zurecht bin weniger verzagt.
Einiges ist mir an Leichtigkeit noch verwehrt,
meine Vergangenheit immer wieder an mir zehrt.
Turbulent sehr überlastet mein Leben oft war,
dass wie und warum ist immer noch nicht ganz klar.
Doch wenn ich alles im Gesamten so betrachte,
bewusst mir ist wie oft ich so falsches dachte.
Jetzt aber nach langer oft sehr schwieriger Zeit,
gibt es in meinem Leben tatsächlich Zufriedenheit.

Fassade

Mir geht es wohl so wie vielen,
nach außen hin den coolen spielen.
Nur ja nicht eine Schwäche zeigen,
lange machte ich mir das zu eigen.
Irgendwann war ich am Ende,
und es kam bei mir zur Wende.
Wollte mich nicht mehr verstellen,
nicht weiter mit dem Haufen bellen.
Was mich zu dieser Entscheidung trieb,
meine Fassade war mir teuer und lieb.
Habe gekämpft und alles gegeben,
für mein so tolles Schaumschlägerleben.
Ängste, Zweifel jahrelang ignoriert,
nicht verstanden was mit mir passiert.
Dann aber kam der Zusammenbruch,
ich musste zuschlagen mein Lügenbuch.
Muss lernen in allem zu mir zu stehen,
mit meinen Defiziten durchs Leben gehen.
Mein Zweifel an mir selbst, null Selbstvertrauen,
es fällt schwer zurzeit nach vorne zu schauen.
Wie ich da die Kurve kriegen soll,
die Aussichten sind nicht gerade toll.
Schluss mit Oberflächlichkeit und Selbstbetrug,
endgültig abgefahren ist für mich dieser Zug.

Mein Dämon!

Manchmal denke ich, ich bin nicht ich,
das kann ich doch im Leben nicht sein,
ich lasse mich selbst einfach so im Stich
haue verbal alles um mich kurz und klein.

Ein Dämon ist vor langer Zeit eingezogen,
der aufwühlt mich in den Wahnsinn treibt,
wenn er sich dann wieder hat verzogen,
in mir eine unfassbar große Leere bleibt.

Der Dämon in mir ein ungebetener Gast,
habe ihn mir nicht ausgesucht, beileibe,
er sitzt in mir fest ist eine zu große Last,
würde er nur verlassen meine Bleibe.

Hab viel getan um mit dir klar zu kommen,
Angeboten meine Freundschaft ich dir,
hab Professionelle Hilfe in Anspruch genommen,
doch du sitzt fest wie eine Zecke in mir.

Einst habe ich dich vielleicht sogar gebraucht,
nun aber ist es Zeit für dich ab zu hauen,
ist nicht mehr nötig, dass du in mir pfauchst,
möchte befreit von dir in meine Zukunft schauen.

Es schmerzt!

Es schmerzt mich zu sehen,
wie sehr du dich abquälst,
möchte dir zur Seite stehen,
doch du mich davon abhältst.

Du weinst tobst und schreist,
deine Ohren sind verschlossen,
Rache und Wut dein Motiv heißt,
hast dich darauf eingeschossen,

Bist plötzlich so gnadenlos,
zu dem was du liebst und schätzt,
meine Angst um dich ist sehr groß,
dass du dich ins Unrecht setzt.

Könnte ich dich doch nur auffangen,
zügeln deinen Zorn und Hass,
so heftig um dich mein Bangen,
am überlaufen ist dein Fass.

Eine Lösung ist nicht in Sicht,
hoffnungslos im Moment die Zeichen,
doch sehe ich es für mich als Pflicht,
egal was passiert nicht zu weichen!

Weiß nicht recht!

Ich weiß nicht so recht,
fühle ich mich gut oder schlecht.
Irgendwie ist es etwas dazwischen,
gelingt es mir den Tag aufzufrischen?
Verspüre zu nichts so recht Lust,
im Moment herrscht eher mehr Frust.
Die Nachrichten tun das ihrige dazu,
ganz gewaltig drückt mich da der Schuh.
Das Verhalten einiger radikaler Gruppen,
sich als besorgniserregend entpuppen.
Aber es ist noch so vieles mehr,
was mir macht das Leben schwer.
Es ist die Summe all dieser Dinge,
mit denen ich schon lange mit mir ringe.
Spüre die Faust in meinen Magen,
muss sie zähmen in diesen Tagen.
Angst und Wut ziehen mich runter,
wäre gerne mal wieder froh und munter.
Unbeschwert und voller Leichtigkeit,
wünsche ich sehnlichst herbei diese Zeit.
Aber ich glaube, dass es so nie mehr wird,
die Spaltung und der Hass mich irritiert.
Darum weiß ich tatsächlich nicht so recht,
wie ich mich fühlen soll, gut oder schlecht?

Einsicht

Heute mal wieder endlos diskutiert,
die Meinung des Gegenübers nicht akzeptiert.
Uns die Köpfe heiß geredet, stundenlang,
ein Wort gab das andere wie im Zwang.
Es gut sein lassen kam nicht in Frage,
alles wurde gelegt auf die berühmte Waage.
Viele Worte wurden im Mund herumgedreht,
damit einer von uns beiden etwas besser dasteht.
Auch mit Unterstellungen nicht gespart,
zwischendurch war die Wortwahl hart.
Aus der Diskussion entstand dann der Streit,
heftig, schier endlos lang und breit.
Doch dann glätteten sich die Wogen,
wir beide haben uns zurückgezogen.
Das vieles an diesem Streit unsinnig war,
sahen wir ein und war uns dann auch klar.
So ein Streit in vielen Beziehungen geschieht,
und sich auch mal ewig in die Länge zieht.
Doch dann sich wieder in die Augen zu sehen,
nicht nachkarten und auf irgendetwas bestehen.
Wir haben sehr vieles auch hart ausgesprochen,
aber entscheidend, es ist kein Porzellan zerbrochen.
So gehen wir unseren Weg weiter zusammen,
hin und wieder gespickt mit kleinen Dramen.
Ich habe mir aber etwas vorgenommen,
soweit sollte es nicht wieder vorkommen.
Einen Streit zukünftig zu führen weniger vehement,
mich zu zügeln auch wenn das Feuer in mir brennt.

Noch in meinem Kopf?

Horrorszenarien in meinem Kopf entstehen,
immer stärker werden in mir diese Bilder,
es macht mir große Angst sie zu sehen,
sie werden von mal zu mal irrer und wilder.

Irgendwann werden keine Partys mehr laufen,
man steht immer öfter vor verschlossenen Türen,
viele Artikel gibt es nicht mehr zu kaufen,
falsche Nachrichten Ängste in uns schüren.

Auf den Straßen herrscht überall Anarchie,
durch alle Schichten Politikverdrossenheit,
mehr und mehr verbreitet sich Hysterie,
regiert unter uns zunehmend Gewalttätigkeit.

Das Wort Triage plötzlich in der Ärzte Munde,
für schwer Kranke kein Bett mehr zu bekommen,
isoliert verrinnt so manch qualvolle Stunde,
der Tod billigend in Kauf genommen.

Verwaist sind fast alle Flugplätze,
Tourismus findet nicht mehr statt,
missachtet werden die Gesetze,
Millionen haben es einfach satt.

Noch ist es nur ein Szenario,
dass in meinem Kopf stattfindet,
es macht mich nicht besonders froh,
denn es scheint durchaus begründet.

Die Pandemie hat unsere Welt gespalten,
es in eine sehr bedenkliche Richtung zeigt
Vernunft und Irrsinn sich die Waage halten,
habe Angst wir haben es schon vergeigt.

Eine Veränderung ist nicht zu sehen,
die Pandemie bleibt, es wird sogar schlimmer,
wie sollen wir das nur überstehen,
ich habe absolut keinen Schimmer!

In mir

In mir das starke Gefühl,
langsam wird mir alles zu viel.
Weiß nicht wie ich mich entspannen soll,
im Moment ist ja alles nicht wirklich toll.
Hab's mit Yoga und Meditation probiert,
hat mehr schlecht als recht funktioniert.
War nicht möglich mich zu konzentrieren,
Angst und Sorge in mir zu sehr dinieren.
Auch auf dem Smart Phone Spiele zocken,
haute mich nicht gerade von den Socken.
Zwischendurch ist es vielleicht ganz nett,
so kurz vor dem Einschlafen im warmen Bett.
Beim Lesen eines Buches schweife ich ab,
meine Gedanken halten mich auf Trab.
Habe es mit Malen versucht und versagt,
Entspannung bis auf weiteres vertagt.
Es mit spazieren gehen eingehend versucht,
nicht entspannend, dafür innerlich geflucht.
Denn was mir da so über den Weg lief,
machte mich ganz ehrlich gesagt aggressiv.
Hab fast vergessen wie man herzhaft lacht,
das ganze Spektakel nichts Gutes mit mir macht.
Schluss damit, ich will mich doch entspannen,
muss diese üble Stimmung endlich verbannen.
Entspann dich doch mal ist leicht so dahingesagt,
doch schwer, wenn Gedankenflut einen plagt.
Dieser Virus hat so vieles in uns entfacht,
so dass es an allen Ecken knirscht und kracht.
Das alles belastet mich wirklich sehr,
darum fällt entspannt sein mir so schwer.
Wir sitzen gefühlt auf einem Pulverfass,
beunruhigt diese Flut von Hetze und Hass.
Entspannen wird weiterhin schwierig für mich sein,
ob sich da was ändert entscheidet die Zukunft allein.

Glück gehabt

Gehe mit meiner Frau spazieren,
unterhalten uns angeregt entspannt,
Tretminen den Weg vor uns zieren,
wir weichen ihnen aus sehr galant.

Meine Frau nimmt es recht gelassen,
in mir dagegen brodelt es,
diese Schweinerei ist nicht zu fassen,
verursacht in mir Stress.

Anschließend einkaufen gegangen,
gleich in den Baumarkt nebenan,
habe mich wieder etwas gefangen,
will auch nicht mehr denken dran.

Dann zu Hause angelangt,
ziehe ich meine Schuhe aus,
habe mich herzlich bedankt,
oh Schrecken, oh Graus.

Voll Hundekacke sind meine Sohlen,
die meiner Frau dagegen sauber und rein,
kann meinen Ärger nur schlecht verhohlen,
ich finde es ungerecht und gemein.

Wutschnaubend begebe ich mich ins Bad,
stinkig reinige ich die stinkenden Schuhe,
bin auf meine Frau sehr neidisch grad.
Glück gehabt sagt lachend sie in aller Ruhe.

Hell erleuchtet

Ich stehe vor einem Haus,
mit hell erleuchteten Fenstern.
Das Haus ist mir unbekannt
und daher kenne ich auch
niemanden aus diesem Haus.
Das Haus hat viele Etagen
und natürlich sind auch
einige Fenster dunkel.
Was mag in den Wohnungen
hinter den hell erleuchteten
Fenstern vor sich gehen?
Es ist keine Neugierde und
ich will auch nicht hineinsehen.
Da im ersten Stock,
das Fenster ganz links
läuft eine Person gestikulierend
immer hin und her.
Führt sie ein Streit-
oder ein Selbstgespräch.
Ich kann auch nicht
genau erkennen ob es
ein Mann oder eine Frau ist.
In einem anderen Fenster
sieht man das Flimmern
eines Fernsehers.
Ich frage mich
welche Schicksale sich
in den einzelnen
Wohnungen abspielen.
Harmonie, Einsamkeit,
Gewalt, Missbrauch
leben vielleicht Tür an Tür.

Wie die einzelnen Bewohner
dieses Hauses damit umgehen
weiß ich nicht, wie auch?
Sind sie überhaupt interessiert
an dem Leben der anderen
oder herrscht
absolute Anonymität.
Könnte aber auch
so eine Art Blockwart
in dem Haus unterwegs sein
der sich in alles einmischt
und jeden kontrolliert
vielleicht sogar schikaniert.
Eben fährt ein Polizeiwagen vor.
Scheint doch nicht so friedlich
zu sein in diesem Haus?
Werde jetzt doch
etwas neugierig!
Leider kann ich
sie nicht befriedigen
die Polizei fährt
kurz danach wieder weg.
Ich hätte nun
meine Phantasie
einsetzen können
und eine spannende
Story schreiben
über dieses ach so sehr
mysteriöse seltsame Haus.
Lasse es aber sein
mir ist einfach nicht danach.

warum ich mich
vor dieses Haus gestellt
und mir Gedanken
über deren Bewohner
gemacht habe.
Spielt auch keine Rolle
es war mir wichtig
in diesen Moment.
Ich hatte kein Ziel
vor Augen
und habe auch
keine Erkenntnis gesucht.
Über etwas nachdenken
war alles was ich wollte!

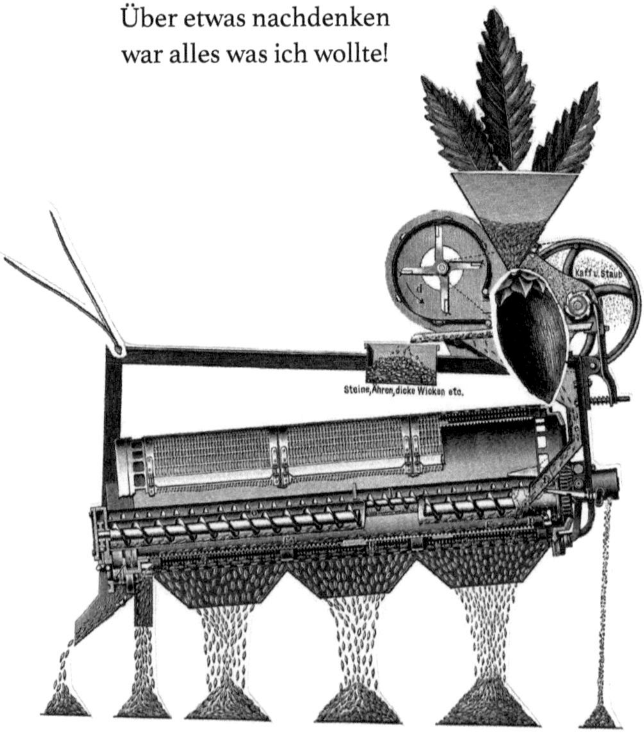

Doch nicht!

Wäre ich so ein kleines Mäuschen,
doch der Rest wie bei einem Menschen,
offen wäre für mich jedes Häuschen,
es gäbe kaum irgendwelche Grenzen.

Würde mich etwas interessieren,
spazierte ich einfach in das Haus,
ohne Vorsicht munter herumspazieren,
nur eine Katze wäre mein Garaus.

Doch bin ich clever und wie ein Blitz so schnell,
kann mich sehr gut verstecken beim Lauschen,
muss nicht fürchten eines Hundes Gebell,
kann so genau hören was die da so plauschen.

Auch raus zu finden was manche über mich denken,
wäre ja schon überaus sehr interessant,
wüsste wem ich könnte mein Vertrauen schenken,
aber wohlmöglich sehr hässlich bis pikant.

Komplett wäre ich aus dem Häuschen,
würde sich gar unangenehmes offenbaren,
na dann besser lieber doch kein Mäuschen,
und mich vor bösen Überraschungen bewahren.

Heute Abend

Heute Abend findet eine Party statt,
er ist froh, dass es endlich hat geklappt.
Will sich mit dem Virus infizieren, ist dran,
ihm niemand zum Impfen zwingen kann.
Von der Impferei ist er nicht überzeugt,
und er sich dem Druck auch nicht beugt.
Auch das Corona so gefährlich sein soll,
findet diese Aussagen einfach grauenvoll.
Ignoriert die wirklich hohen Todeszahlen,
der Grippe ja auch sehr viele zum Opfer fallen.
Ebenso das Maskentragen stellt er in Frage,
merkwürdig und umfangreich ist seine Klage.
Hat sich den Querdenkern angeschlossen,
und ist auf viele Gleichgesinnte gestoßen.
Er ist bei den Demos ganz vorne mit dabei,
laut dem Grundgesetz sind sie nicht mehr frei.
Die Merkel und ihre Mischpoke ihnen sie nimmt,
sie sind derart verlogen das alles nicht stimmt.
Diese kruden Aussagen machen mich verrückt,
die Spaltung der Gesellschaft ist ihnen geglückt.
Zigtausende von Toden interessieren sie nicht,
spucken darauf, so abscheulich ist deren Sicht.
Intensivstationen sind wieder mal am Limit angelangt,
und es spitzt sich immer mehr zu was dies anbelangt.
Pflege- und Klinikpersonal sind schon lange überlastet,
ihr Grundrecht wird von Coronaleugnern angetastet.
Gerade sie fordern ihre Freiheit und ihr Grundrecht ein,
Verletzen das der anderen, das kann nicht richtig sein!
Politiker werden von diesem Mob massiv bedroht,
bedrängen, beleidigen bringen sie in höchste Not.
Ich kann dieses irrsinnige Verhalten nicht mehr fassen,
beginne diese Querdenker, Coronaleugner zu hassen.

Mein Unverständnis für diese Leute ist absolut grenzenlos,
sie betreiben Körperverletzung, ich an meine Grenzen stoß.
Zudem haben sie sich noch mit den Nazis verbündet,
und eine höchst bösartige Vereinigung gegründet.
Schüren Hass und Gewalt wollen unser Land zerstören,
und viel zu viele auf deren Schwachsinn leider hören,
Ihr Geisteszustand für mich äußerst fragwürdig ist,
nur so kann mir ich erklären ihren gequirlten Mist!

Mein größter Wunsch

Ich überlege gerade,
warum Verschwörungstheoretiker
und Querdenker es leicht hatten
so viele zu überzeugen.
Wie kam diese Flut zustande?
Unser derzeitiger Feind
ist ein Virus.
Man riecht in nicht
und man kann
ihn auch nicht sehen.

Was man nicht Bildlich oder
Akustisch wahrnehmen kann
existiert nicht!
Bei den Grippeviren ist es anders
die kennt man schon lange.
sind uns praktisch
in die Wiege gelegt worden.

Aber dieser Virus
ist neu und gefährlich,
ja tatsächlich auch Tödlich!
Vielleicht ist es
für viele nur möglich
einen Feind nur dann
wahrzunehmen können
wenn man ihn sieht.

Diesen Umstand
nutzen Reichsbürger und
Rechtsradikale Gruppen
schamlos aus.

Sie bekommen den
notwendigen Zuspruch
der dazu führt, dass sie ihrem
Ziel näherkommen.

Nämlich die Demokratie
zu unterwandern
und zu zerstören.
Den vielen Mitläufern
ist einfach nicht klar,
dass sie benutzt werden.

Um das zu verdeutlichen
werden Feinbilder geschaffen
es müssen Namen herhalten.
Wie Bill Gates, Familie Rothschild,
Angela Merkel, Jens Spahn,
Karl Lauterbach um nur
einige Namen nennen.

Sie werden auch massiv bedroht
besonders in den
sozialen Netzwerken.
Sicher sind einige Entscheidungen
im Nachhinein fragwürdig.
Ganz sicher sind sie dafür
nicht zu verurteilen oder ihnen
sogar Absicht zu unterstellen.

Doch sie geben ein
ideales Feindbild ab,
indem man sie

für alles was passiert ist
verantwortlich machen kann.
Sollte die pandemische Lage
irgendwann den Punkt
erreicht haben,
dass nur noch eine
überschaubare
Gefährdung vorliegt,
habe ich die Hoffnung,
dass diese Mitläufer
zur ihrer geistigen
Gesundheit zurückfinden.

Wieder an den Erhalt
unserer Werte und
der Demokratie
mitzuarbeiten.
Vielleicht ein nicht
besonders guter Versuch
von mir das zu verstehen
was in unserer
Gesellschaft gerade passiert.

Für mich auf jeden Fall
eine Möglichkeit
mit diesem Bruch
der Gesellschaft
zurecht zu kommen
und nicht daran
zu zerbrechen.
Ich verstehe den
Ruf nach Freiheit

Aber es sollte nicht
auf Kosten anderer
und deren
Gesundheit gehen.
Mein sehnlichster Wunsch
wenn auch utopisch
Einigkeit, Recht und Freiheit
und vor allem
Frieden!

Düster

Wenn düstere Gedanken bei mir einziehen,
versuche ich sogleich diesen zu entfliehen.
Bevor sie mich vollends niederdrücken,
und entstehen in mir zu große Lücken.
Mein Leben gerade den Bach runter geht,
es nicht besonders gut um mich steht.
Die Düsternis begleitet mich in die Nacht,
ist präsent, wenn am Morgen ich bin erwacht.
Selbst in meinen Träumen ist keine Fröhlichkeit,
die einzige Hoffnung die in mir keimt, ist Zeit.
Doch verliere ich regelmäßig von Mal zu Mal,
und wiederholt sich stets meine Höllenqual.
Kommt dann wieder in mein Leben etwas Licht,
hat diese Düsternis kaum mehr Gewicht.
Bewältige zum Schein optimistisch den Tag.
aber alles ist zu viel ich es kaum noch ertrag.
Weiß nicht mehr, wie Lachen oder Frohsinn geht,
mir nur noch der Geruch von Mist um die Nase weht.

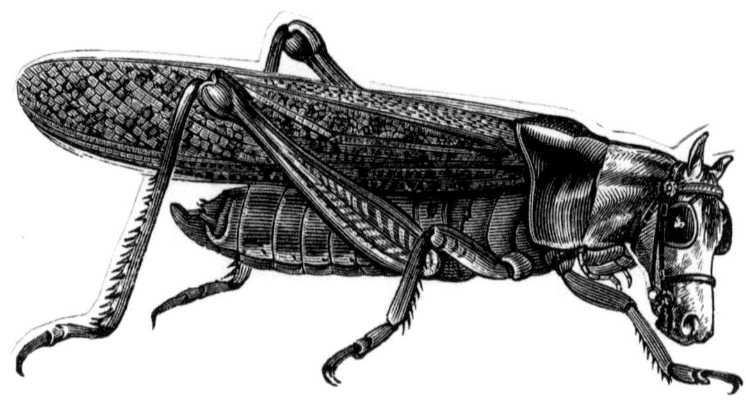

Weihnachten

Nun ist es schon wieder soweit,
der September ist da, Weihnachtszeit.
Die Regale gefüllt mit Lebkuchen, Spekulatius,
von Schokoweihnachtsmännern der erste Gruß.
Von Woche zu Woche wird es immer mehr,
es nicht wahrnehmen zu wollen fällt schwer.
Alles geschieht einfach viel zu früh,
dies mitzutragen erfordert Müh.
Der November hat viel verloren von seiner Bedeutung,
es geht immer weniger um Trauer und Besinnung.
Einfach mal runterfahren, zur Ruhe kommen,
wird einem schlichtweg von außen genommen.
Es wohl für viele die stressigste Zeit des Jahres ist,
darüber man den Ursprung allzu leicht vergisst
Weihnachtsmärkte fangen von Jahr zu Jahr zeitiger an.
Man den ersten Advent nicht mehr abwarten kann.
Weihnachten war für mich immer die stille Zeit,
doch davon hat sie sich entfernt ganz weit.
Nikolaus kommt mit dem Coca-Cola Truck angerauscht,
so vieles ist so sehr überzogen und aufgebauscht.
Aber es immer schlimmer und zweckentfremdet wird,
ist es sinnlos, wenn man da noch ein Wort darüber verliert!

Immer weiter

Was mich im innersten bewegt,
mich beschäftigt unentwegt.
Angefangen hat es mit der Pandemie,
ich dachte mehr an eine Grippeepidemie.
Dann aber hat sie sich rasant ausgebreitet,
die Angst vor Ansteckung mich seitdem begleitet.
Dann trat noch die Querdenkerszene auf den Plan,
und sie stellten die wahnwitzigsten Theorien an.
Sie verleugneten die Toten, es hat mich gequält,
die Freiheit mehr als das Leben so vieler zählt.
Nach kurzer Zeit schon die ersten Impfstoffe kamen,
auch da entwickelten sich unvorstellbare Dramen.
Querdenker, Impfgegner Angst und Zweifel schürten,
haltlose Behauptungen zu vielen Bedenken führten
Es werden uns Chips implantiert oder die Impfung ist tödlich,
brachte mich in arge Bedrängnis, fand es absolut nicht löblich.
Die Rufe „Wir sind das Volk", mich sehr aufwühlten,
mit ihren Parolen sie mich fast schon weich spülten.
Dann der Klimawandel, so brisant und brandaktuell,
dem einen geht es zu langsam, dem anderen zu schnell.
Naturkatastrophen uns vor aller Augen müssten führen,
extremste Wetterlagen auf unseren Globus sind zu spüren.
Kaum dachte man, die ist Pandemie bezwungen, alles in Griff,
ging es schon wieder los, begann wieder zu sinken das Schiff.
Und wieder die Masse von radikalen Demonstrationen,
ohne Abstand, ohne Maske, es tut sich ja eh nicht lohnen.
Doch weil der Krisen nicht genug, kam nach Europa der Krieg.
Was wird das Ergebnis sein, Tod so vieler und kein Sieg?

Kann nicht

Ich begreife so vieles nicht,
bringe ins Dunkle kein Licht.
Es ist mir wirklich nicht einerlei,
obwohl vieles an mir geht vorbei.
Vieles lasse ich an mich nicht ran,
ich schlecht damit umgehen kann.
An vielen Dingen bin ich interessiert,
verstehe nicht alles, was da so passiert.
So einiges mir immer wieder ein Rätsel ist,
kann nicht umgehen mit Tücke und List.
Was kann ich überhaupt ändern, was nicht,
nicht etwas, bei dem das Herz mir bricht.
Will auf mich und die meinen Schauen,
von ihnen fernhalten, das Grauen.
Frieden gibt es etwa doch nur im Kleinen,
dann ist man vielleicht mit sich im Reinen.

Der verlorene Schatz

Meine Frau musste mal schnell sich die Hände waschen,
sie waren etwas schmutzig vom Schokolade naschen.
Ihren schönen Ring legte sie eben ab um ihn zu schonen.
ginge der kaputt oder verloren, man kann ich nicht klonen.
Doch dann klingelte das Telefon in einem anderen Zimmer,
im unpassenden Moment, nasse Hände, geht kaum schlimmer.
Sie hastete mit tropfenden Händen los, es könnte wichtig sein,
und ließ den Ring dann an seinem Platze Mutterseelen allein.
Das Telefonat war kurz und nervig, also so voll für die Katz',
umsonst die Rennerei mit nassen Händen, sinnlos die Hatz.
Aber schon klingelte es an der Türe, ein sehr großes Paket,
unhandlich und sehr schwer, jetzt es eine Weile im Wege steht.
Jetzt muss auch noch ihr Hündchen schnell mal raus,
nur mal hin bis zur großen Hecke, gleich vor dem Haus.
Dann fängt sie an ihren für sie wertvollen Ring zu suchen,
es ist nicht ihre Art, an ihrer Stelle würde ich kräftig fluchen.
So rennt sie emsig, Kopflos, fortwährend hin und her,
die Ruhe zu bewahren, fällt ihr zunehmend schwer.
Unentwegt sie ruft, wo ist er nur, ich habe ihn da hingelegt,
der muss doch da sein, oder hat er sich von selbst fortbewegt?
Wir ja auch keinen Besuch aus München, Namens Pumuckl haben,
der ja gesegnet ist mit einigen doch sehr seltsamen Gaben.
Der Ring ist fort, alles abgesucht, er bleibt verschwunden,
zum xtenmal dreht sie durchs Haus verzweifelt ihre Runden.
Dieser Tag endet für meine Liebste sehr traurig und tragisch,
wie kann etwas spurlos verschwinden, ist schon magisch?

Er ist wieder da

Immer noch, ist da der Ärger mit dem Ring,
es ist zum Verzweifeln mit diesem Ding.
Dieser so kleine Ring sie in den Wahnsinn treibt,
grausam der Gedanke, dass er verschollen bleibt.
Wiederholt sie das ganze Haus durchstreift,
und dabei leise jammert und mit sich keift.
Auch ich werde in die Suche mit einbezogen,
dass ich es gerne mache, wäre dreist gelogen.
Aber es muss dieses Generve mal auch enden,
meine Zeit für einen kleinen Ring zu verschwenden.
Zu dem hat er nicht einmal sehr hohen Wert,
aber Ideell, darum die Suche aufgeben, wäre verkehrt.
Außerdem, ich habe sie so unendlich lieb,
dann doch meine Interessen beiseite schieb.
Also marschiere ich zum dritten Mal in den Keller,
da zwischen der Wäsche, mein Atem geht schneller.
Blitzt irgendetwas Metallenes hervor, ganz leicht,
der Ring ist es nicht, langsam es wirklich reicht.
Ich blicke zu Boden, drehe mich um, will gehen,
meine Augen werden groß, ich bleibe stehen.
Gleich hinter dem Tischbein, liegt ihr kleiner Ring,
dieses unverschämte so arg frech dreiste Ding.
Ich rufe sehr laut nach meiner Frau, komm schnell,
mich aber dann breitbeinig vor dem Tisch hin stell.
Sie kommt gelaufen, die Vorfreude in ihrem Gesicht,
endlich kommt die Lösung für diese rätselhafte G'schicht.
Ich trete zur Seite mache ihr Platz,
und so findet mein Schatz, ihren Schatz.

Könnte ich nur

Will oft nicht sehen,
was ich so sehe,
müsste weiter gehen,
sonst passiert's, oh wehe.

Schimpftiraden aus meinem Mund,
oft nicht von dieser Welt,
da geht es manchmal richtig rund,
mich dann nichts hält!

Steigere mich derart hinein,
schließlich bin ich im Recht,
es muss doch Ordnung sein,
nicht ich, der andere ist schlecht.

Doch mein Schimpfen, schreien,
niemanden etwas bringt,
es ist auch schwer zu verzeihen,
zu viel Unmut im Raume schwingt.

Leise Töne etwa mehr Gehör finden,
die Dinge auf sich beruhen lassen,
im Kopf kann ich dies ergründen,
nur etwas in mir kann es nicht fassen.

Will nicht schreien und brüllen,
es mich immer wieder übermannt,
könnt' ich mein Gemüt nur kühlen,
stattdessen einsetzen meinen Verstand.

Noch immer

Bin immer noch auf der Suche nach mir,
oder habe ich mich endlich gefunden?
Gibt es noch eine verschlossene Tür,
vielleicht sogar noch offene Wunden?

Sind all meine Narben gut verheilt,
oder brennen sie auf meiner Seele?
Habe mein Leid mit so vielen geteilt,
und noch ich mich zeitweise quäle.

Es oft in mir brodelt und wühlt,
kommt wann es passt empor gekrochen.
Als sei es gerade geschehen, so gefühlt,
habe mit meinem Leid nie gebrochen.

Wann kehrt in mir ein der innere Frieden,
wieviel Zeit bleibt mir denn noch?
Zu spät ist's , wenn ich bin verschieden,
und sitze dann noch jammernd im Loch!

So schön

Mach weiter, höre nicht auf,
es ist so wunderschön,
bitte, setze noch einen drauf,
nie sollte es zu Ende gehen.

Nimm mich in deinen Arm,
kraule ganz zart mein Kinn,
ach, mir wird ganz warm,
es raubt mir nicht nur einen Sinn.

Streichle sanft meinen Rücken,
Mensch, so seltsam mir wird,
auch nochmal ganz fest drücken,
bin vor lauter, na ja, mmh, verwirrt.

Noch nicht, bitte aufhören,
Ohren kraulen ist doch noch drin,
ich will dich innigst beschwören,
weil ich dein liebes Hündchen bin!

Tag für Tag

Und wieder sind so viel Wut und Zorn in mir,
es bringt mich zur Verzweiflung schier.
Ursachen dafür könnte ich einige finden,
es gibt genug von triftigen Gründen.
Mal passieren auf der Arbeit komische Sachen,
die mich besorgt und fast kirre machen.
Weiß nicht, bilde ich mir nur etwas ein,
oder stinkt etwas gewaltig in diesen Verein.
Auch geht es mit meiner Kunst nicht voran,
komme an das was ich will nicht wirklich dran.
So vieles bei mir im Unklaren sich befindet,
Tag für Tag, die Hoffnung in mir schwindet.
Aber dies allein macht nicht so sehr zornig,
habe einen harten Weg vor mir, der ist dornig.
Ich glaube sogar, es ist die Hauptursache dafür,
öffne wieder mal eine mir verschlossene Tür.
So oft geöffnet und dann wieder zugemacht,
ich schaffe es, so habe ich immer gedacht.
Genauso so oft habe ich kläglich versagt,
aufgeben und auf irgendwann vertagt.
Das ist der wahre Grund für meine Wut,
ich will es wagen, doch fehlt es mir an Mut.
Muss mich verabschieden von meiner Sucht,
endgültig für immer, bin wieder auf der Flucht.
Dieses Gift zerstört schrittweise mein Leben,
darum muss ich es dieses Mal aufgeben.
Bin alt, viel Zeit mir nicht mehr bleibt,
bevor diese Sucht mich völlig einverleibt.

Reingehängt

Ich habe kein Problem,
doch dies scheint nicht genehm.
Denn ich werde hineingezogen,
bin dem Ganzen nicht gewogen.
Mache mir Gedanken pausenlos,
die Sorge, dass es schief geht, ist groß.
Also nehme ich das Heft in die Hand,
dies Verhalten ist mir schon sehr verwandt.
Bekommt wer etwas nicht auf die Reihe,
dann am besten man mich einweihe.
Ich hänge mich mit vollem Herzen rein,
und plötzlich ist deren Problem mein.
Jeder kann seinen Ärger auf mich übertragen,
habe keine Chance nein zu mir zu sagen,
so kommt es, dass es mich ziemlich trifft,
ich brauche Probleme, ein anderer kifft.

Eingewebt

Ich fühle mich gelebt,
wie in etwas eingewebt.
Komme nicht mehr voran,
fange immer von vorne an.
Doch denke ich mir gerade,
eigentlich ist es schade.
Sehe nicht mehr das schöne,
obwohl ich mich danach sehne.
Katastrophen und Kriege,
Niederlagen und Siege.
Muss aufhören zu lamentieren,
Ereignisse mein Handeln diktieren.
Es gibt so vieles, was mich erfreut,
sich etwas in mir davor scheut.
Mein Fokus muss sich ändern,
nicht hetzen, mal schlendern.
Endlich für eine Weile innehalten,
einfach mal auf Ruhe schalten.
Von außen nach innen gehen,
und die wahren Dinge sehen.

Ich koche

Es gab mal eine Zeit, da habe ich gerne gekocht,
mein Sohn hat mein Essen fast immer gemocht.
Gebacken habe ich auch viele verschiedene Kuchen,
auch da konnte ich einige Komplimente verbuchen.
Ich habe mich immer an Rezepte gehalten,
da war kein Platz für kreatives Gestalten.
Mittlerweilen es nicht zu meinen Stärken zählt,
mach's gezwungenermaßen, da meist die Lust mir fehlt.
Trotzdem mich entschlossen, mal wieder zu kochen,
habe mich überwunden, das erste Mal seit Wochen.
Bin dann halt erstmal einkaufen gegangen,
irgendwo muss man ja schließlich anfangen.
Erst bei unserem Metzger vor Ort rein,
kaufe eine feine Scheibe Fleischkäse ein.
Natürlich gute Ware aus der Region,
gegen etwas anderes habe ich eine Aversion.
Sechs Eier bei einen Hühnerzüchter gekauft,
der Einkauf stresst, ein wenig verschnauft.
Jetzt aber nach Hause, möglichst schnell,
ich dann gleich ne Pfanne auf den Herd stell.
Den Herd anschalten, Öl in die Pfanne,
jetzt vorsichtig, nur jetzt keine Panne.
Dauert bisschen, bis das Öl ist heiß,
wie man das prüft, ich sogar noch weiß.
Zwischendurch stell ich meinen Teller hin,
nahe bei meinem Herd, macht doch Sinn.
Nun aber der Fleischkäse in die Pfanne hinein,
oh wie das schön brutzelt und riecht so fein.
Schnell noch ne Pfanne für die Spiegeleier,
das fluppt, ich mich fast schon Feier.
Spiegeleier kann ich richtig gut braten,
den Fleischkäse wenden, ist schön geraten.

Die eine Seite, ganz toll sieht sie aus,
da kommt bestimmt was präsentabel raus.
Nun auf den Teller den Fleischkäse drapieren,
die Spiegeleier noch, dann kann ich dinieren.
Und eines will ich schon mal deutlich sagen,
es hat Spaß gemacht, sollte es wieder öfter wagen.
Das Problem ich koche nur für mich alleine,
und dies ist wirklich nicht das meine.
Etwas mir leider total gegen den Strich geht,
da nach dem kochen immer eine Aufgabe ansteht.
In der Küche eine Bombe eingeschlagen hat,
mir aber egal, es hat geschmeckt und ich bin satt!
Es war nur ein kleines einfaches Gericht,
dass mich inspiriert hat, zu diesem Gedicht!

Wem es trifft?

Sucht man mal für sich ein stilles Örtchen,
drüber möcht' ich verlieren ein Wörtchen.
Beim Discounter ist das kein Problem,
die meisten haben keins, wie unangenehm!
Der Mann kann sich eine stille Ecke suchen,
während die Frauen zu Recht öfter mal fluchen.
Im Einkaufszentrum es da eher angenehm ist,
Toiletten sind dort zu finden, selten man sie vermisst.
In der Regel ist es da soweit schon ganz gut,
geh nur rein, passiert schon nichts, habe Mut.
Manchmal und dass weit und breit, ist kein Papier,
beim besten Willen gibt es da keine Ausreden dafür.
Sollte das Geschäft aber mal richtig dringend sein,
musst du Glück haben, sonst wird es gemein.
Menschen mit Behinderung, Fragezeichen auf der Stirn,
an vielen Orten, supertoll geplant, mit wenig Hirn.
Dass es Menschen mit Behinderung überhaupt gibt,
man, dass unbewusst oder bewusst beiseiteschiebt.
Anmerken könnte ich da noch wirklich sehr viel,
wem es trifft, ein unangenehmes, saudummes Spiel.
Das Beste ist sich, wenn es geht, vorher zu entleeren,
dann entsteht nicht ein solches menschliches Begehren.

Seit vielen Jahren

Ich liebe sie,
wirklich, ich liebe sie!
Nur manchmal bringt sie manchmal auf die Palme,
so ich, obwohl ich nicht will, vor Zorn qualme.
ich stelle eine ganz einfache, unverfängliche Frage,
und ihre Reaktion, dies ist wirklich eine Plage.
Sie gibt mir keine Antwort und ich laufe heiß,
weil sie meine auf ihre schon von vorne herein weiß.
Was ich sage, diese Unterstellung das zu wissen,
wie durchschaubar ich bin, ziemlich beschissen.
Warum sie mich überhaupt noch etwas fragen muss,
kann sie sich schenken, meiner Weisheit letzter Schluss.
Wir beide uns sehr gut und schon sehr lange kennen,
was uns zusammen hält, lässt sich leicht benennen.
Es ist Liebe und unerschütterliches Vertrauen,
auf das können wir bei jedem Streit, darauf bauen.
Wenn wir auch mal bös streiten, uns so richtig fetzen,
kann es unsere Beziehung in keiner Weise zersetzen.
Sich auch dann ehrlich entschuldigen und verzeihen,
Unstimmigkeiten, Streit nichts kann uns entzweien.
Auch wenn sie mich manches Mal in den Wahnsinn treibt,
meine Liebe zu ihr seid sehr vielen Jahren für immer bleibt.

Kleiner Wicht

Ich wollte ein ganz großer sein,
erobern die große weite Welt,
doch war ich mickrig und klein,
immer pleite, im Sack kein Geld.

Habe vor mich so hingeträumt,
von prächtigen, teuren Schlitten,
habe das wichtigste versäumt,
wollte nehmen, nicht drum bitten.

Habe den Kopf in den Sand gesteckt,
wollte es allen und mir selbst beweisen,
um jeden Preis auffallen, oft angeeckt,
begab mich auf abenteuerliche Reisen.

Von einem zur andern bin ich umhergeirrt,
nichts hat sich wirklich richtig angefühlt,
vor den Kopf gestoßen, viele waren pikiert,
die meiste Zeit bescheuert, Stimmung abgekühlt.

Kein wahres Ziel vor meinen Augen,
herumgestochert halbblind im Nebel,
andere benutzen und auslaugen,
wer sitzt von uns am längeren Hebel.

Hat lange gedauert, bis ich mich gedreht,
endliche Visionen gehabt, Ziele definiert,
Spuren hinter mir, zurückgelassen, verweht,
darf nicht zurückschauen, zu viel ist passiert.

Was ich mal tat nicht zu verzeihen,
meine Schuld wird immer bleiben,
mein Toben mein nach Hilfe schreien,
mein so zügelloses Treiben.

Mich berauscht, in der Sucht gelebt,
exzessiv, alles auf Spiel gesetzt,
weit über den Wolken geschwebt,
Frau und Kinder zu oft verletzt.

Bin immer noch ein kleiner Wicht,
doch bin ich von Glück beseelt
habe abgetragen Schicht um Schicht,
erlernt, was wirklich für mich zählt.

Habe mich gesucht und auch gefunden,
Opfer gebracht und viel verloren,
aber trotz der Narben und Wunden,
bin ich, ich, aufgestanden, neu geboren!

Unsere Welt

Wandlungen habe ich dieses Buch genannt,
uns in einem ständigen Wandel befinden,
habe mich zeitweise immer wieder verrannt,
so einiges an Hürden gab es zu überwinden.

Unsere Welt sich rasend schnell wandelt,
das Tempo mithalten fällt mir sehr schwer,
habe Ängste und Sorgen behandelt,
oft war ich erschöpft und innerlich leer.

Über Liebe, Wunder der Natur geschrieben,
auch über Krieg und menschliches Verhalten,
Menschen müssen flüchten oder werden vertrieben,
wir müssen endlich auf Vernunft umschalten.

Bin am Ende und kann doch nicht aufhören,
wie können wir die Welt noch retten,
will aber auch kein Unheil heraufbeschwören,
aber auf Besserung möchte ich nicht Wetten.

Möchte so gerne Zuversicht verbreiten,
trotz der Probleme dieser Welt,
große Hoffnung auf bald bessere Zeiten,
und dass nicht alles zusammenfällt.

Autorenvita

Geboren 1951 in München stamme ich aus nicht ganz einfachen Verhältnissen. Meine Kindheit war schwierig und sehr mit körperlicher fast täglicher Gewalt besetzt. Auf Grund von damals noch unbekannten Lernstörungen besuchte ich eine „Hilfsschule". Heute würde man es Sonderpädagogische Schule nennen. Immer wieder habe ich gesagt bekommen,

„Du taugst zu nichts, aus dir wird niemals etwas". Aber trotz aller Prophezeiungen bin ich Handwerksmeister im Metallbauerhandwerk geworden.

Seit meinem fünfzehnten Lebensjahr schreibe ich Gedichte die ich aber immer vernichtet habe, da mein Stiefvater mir es verboten hatte. Erst im Alter von zweiundzwanzig Jahren, habe ich meine Gedichte nicht mehr vernichtet. Nach langem Zögern habe ich in Altenheimen meine ersten Lesungen veranstaltet.

Ich schrieb damals nur in Münchner Mundart.
Erst ab 1997 habe angefangen in meiner ersten Fremdsprache Deutsch zu schreiben. Seither habe ich mich stetig, sei es meine Schreiberei und auch Lesungen entwickelt.

2023 habe ich mein erstes Buch „Wortmalerei" im Eigenverlag auf den Markt gebracht.

Und nun das Gute zum Schluss:

In erster Linie gilt der Dank meiner Lebensgefährtin Judith Brandt die mich mit ihrer konstruktiven Kritik immer herausgefordert und damit auch bereichert hat.

Auch meinem Sohn Werner und meiner Tochter Catherin bin ich dankbar für ihr geduldiges Zuhören. Des Weiteren möchte ich es nicht versäumen mich bei Sabine Lauer zu bedanken, die mit ihren Ideen das Buch zu dem gemacht hat, was es letztendlich geworden ist.

In diesem Buch ist etwas passiert, dass dem Titel gerecht wird. Ich habe eine Illustratorin gesucht und auch gefunden. Mariia Bykova eine hervorragende Künstlerin, sehr vielseitig. Malerin, Zeichnerin und Fotografin. Zuerst haben mich ihre Vorschläge überfordert und erst so nach und nach fand ich es so richtig gut bis sehr gut. Mariia ist nicht nur in meinen Augen eine hervorragende Künstlerin, sondern auch ein wunderbarer Mensch. Es war mir eine große Freude mit ihr mein Buch zu gestalten. Sie hat nicht nur die Illustrationen gemacht, sondern sich auch um das Cover Layout gekümmert. Einen besonderen Dank auch an Frau Kateryna Bykova die den Buch Satz hervorragend gemeistert hat, so dass ich es druckfertig an den Verlag senden konnte.

Noch einen kleinen Moment. Die Mutter meiner Frau ist vor kurzem verstorben. Lydia Dorn war ein so wunderbarer Mensch und eine mir sehr gute Freundin. Ihr möchte ich dieses Buch widmen.

Nochmals vielen Dank an Euch alle!

Euer Hans Berghammer